21世纪高职高专规划教材·金融保险系列

理财规划实务

主　编　孙　怡
副主编　黄小玉　刘　琛

中国人民大学出版社
·北京·

前　言

随着我国经济的飞速发展以及人们生活水平的不断提高，人们的理财需求异常旺盛，理财行业也逐渐成熟并呈多样化发展。在这样的大背景下，理财规划师职业前景看好。

理财行业中，一直存在着一个误区——“投资就是理财”。这个误区忽略了理财的根本职能——财务规划。例如，家庭财务规划是一种人生规划，首先，必须设定理财目标并测算实现目标所需的资金；其次，根据自己的财务现状、资产状况和收入水平来计算与目标之间的资金缺口；最后，根据多重因素决定下的风险承受能力，来确定合理的投资方案与生活方式。在这个过程中，理财规划的目的是实现人生目标，而投资只是一种为了实现理财目标而选择的工具，投资组合就是一个工具箱。专业的理财规划师能帮助人们走出“理财即投资”或者“理财即发财”这样的误区，树立正确的理财观念，进行合理的理财规划并选择合理的理财工具，从而通过理财目标的实现以实现人生规划目标。

本教材的特点如下：

1. 将教学设计与任务设计情境化。作为高职高专“任务驱动”型教材，本书在编写时强调以能力为本位，以岗位技能为目标，将教学设计与任务设计情境化，不断增强学生的实际动手能力并培养学生的综合专业素质。本书将理财规划师职业资格考试中对个人（家庭）理财规划所需要的知识、技能和素质融合到教学体系中，使职业能力培养与资格考试紧密地结合起来。

2. 强化了理财价值分析和规划方法。为了准确分析资金价值和社会资金价值动向，本书从资金时间价值的角度，特别强化了理财价值分析计算和规划方法的训练，确保财务规划过程的科学、合理，为下一步选择投资工具打下良好基础。

3. 强调投资工具的选用和配合。本教材紧密结合高职高专学生就业工作岗位群和就业单位（金融机构）的特点，对理财产品进行深入讲解，如基金理财产品、黄金和房产投资等，培养学生能够根据理财客户的投资回报和收益性要求进行理财产品的综合选择和资金分配的能力。

本教材在编写过程中，查阅、引用了国内外的有关著作及网络资料，借此机会一并表示感谢！囿于编者学识与经验有限，编写过程中难免存在纰漏，不当之处恳请各位专家、学者和广大读者提出宝贵意见，以便再版时进行修改。

目　录

情境一

理财价值分析

子情境一　理财价值观念

知识目标

1. 掌握理财规划的概念。
2. 掌握个人生活理财和个人投资理财的概念。
3. 掌握理财规划的具体内容。
4. 了解理财规划从业人员职业道德。

专业能力目标

1. 了解个人生活理财和个人投资理财。
2. 了解理财规划两大目标：财务安全和财务自由。
3. 理解理财规划过程。

方法能力目标

1. 能阐述理财观点。
2. 能设计理财规划问卷。
3. 能进行理财规划问卷调查。
4. 能归纳分析理财规划调查数据。

案例 1.1　刘先生和张先生 10 年前是大学本科的同班同学，大学毕业后都从事财务工作。工作 5 年后，两人都存储了 30 万元人民币，并在这一年都花掉了这 30 万元。刘先生在广州购买了一套房，张先生购买了一辆“奥迪”牌小汽车。5 年后的今天，刘先生的房子市值 60 万元。张先生的汽车市值只有 5 万元。两人目前的资产明显有了很大差异，但他们的收入都一样，而且有同样的学历、同样的社会经验，为何两人财富不一样？

案例 1.2 香港的陈先生 32 岁，拥有 9 年多的投资经验。1998—1999 年，陈先生短线投机香港股票收益率达 200%，其中变现 40 万元送给奶奶作为养老金。1999—2000 年年底，陈先生短线投机香港股票和指数期货收益率达 150%。2001 年，他投资 25 万元购房，送给父母。2001—2004 年，陈先生投资广州房产：一套别墅、两套住房，收益 200 余万元。2001—2005 年上半年，陈先生在广州经营房产代理公司，前期 10 个月，投入 25 万元，赚得 80 万元；后期投入 200 万元左右，收益约 100 万元（月利润 3 万元）。2005 年年初，陈先生的房产合作伙伴盗窃资金，房产投资净损失 250 万元。2005 年秋天至 2007 年 5 月，他去企业打工，除了基本工资外还有 70 万元的奖金收入。2006 年 11 月—2007 年 5 月，他投资 A 股，收益 60 万元，半年收益率 300%。2007 年 5 月，他进入期货市场，投入 80 万元，不到一个月收益 60 万元。2007 年 6—7 月，陈先生继续在期货市场，损失 215 万元。陈先生现只拥有 23 万元的银行存款。陈先生投资失败后向理财经理咨询。作为一个理财规划师，请为陈先生提供合适的理财状况分析。

一、理财规划的动机和目标

（一）理财规划的定义

理财规划一般分为两种，一是公司理财，是指公司在传统财务管理基础上延伸和发展出来的公司全面财务管理活动；二是个人或家庭理财，是指以个人（家庭）为单位进行的个人（家庭资产）的管理活动。本书中的理财规划仅指个人理财。

关于理财规划的定义，目前业内有不同的说法。其中，美国理财师资格鉴定委员会的定义是：理财规划是指如何制定合理利用财务资源来实现客户个人人生目标的程序。这个定义比较宽泛。理财规划包括个人生活理财和个人投资理财，这个定义是广义的理财规划的概念。

什么是个人生活理财呢？个人生活理财是指通过制订财务计划对个人消费性财务资源进行适当管理，并通过不断调整计划以追求财务安全和财务自由为目标的经济活动。生活理财，主要是通过帮助个人设计一个将其整个生命周期考虑在内的终身生活及其财务计划，将个人未来的职业选择、子女及自身的教育、购房、保险、医疗、企业年金和养老、遗产及事业继承以及生活中个人所需面对各种税收等各方面的事宜进行妥善安排，使个人在不断提高生活品质的同时，即使到年老体弱以及收入锐减的时候，也能保持自己所设计的生活水平，最终达到终身财务安全、自主、自由和自在。生活理财的核心在于根据个人的消费状况和消费偏好来实现个人的人生目标。

什么是个人投资理财呢？个人投资理财就是通过制订财务计划对个人投资性财务资源进行适当管理，并通过不断调整计划以追求财务安全和财务自由为目标的经济活动。投资理财是在个人现有生活目标得到满足以后，追求投资于股票、债务、金融衍生工具、黄金、外汇、不动产以及艺术品等各种投资工具时的最优回报，加速个人、家庭资产成长从而提高家庭的生活水平和质量。投资理财的核心在于根据个人的投资性资源状况和风险偏好来实现个人的人生目标。

总而言之，个人生活理财侧重于现有消费性资源的规划和管理，而个人投资理财侧重于现有投资性资源的规划和管理，以满足未来消费需求和人生目标。在我国，过去人们非常重视生活理财，在社会上形成了很多有价值的理财观念；而现在随着人们生活水平的提高，市场化的投资工具越来越多，个人投资理财也越来越得到人们的重视和青睐。

（二）理财规划的动机

人从事任何活动都有一定的原因，动机是为实现一定的目的激励人们行动的内在原因。理财规划动机是人们管理个人财务资源的原因，具体来说，可能是财富增值所带来的能力的证明，也可能是个人价值的体现，或者是通过理财得到周围人的羡慕和家庭生活的改善甚至奉献社会等。

理财规划动机可以概括地分为理性动机与感性动机。其中，理性动机包括获得收益、资金流动、防范风险、融资便利；感性动机包括被他人赞美、被社会承认及自我满足等。理财者只有把握好自己的理财动机，认识到自己的理财侧重点，才能在理财过程中实现自己的愿望，达到理财的目标；而理财中介机构则只有对客户需求与动机进行充分的研究，才能在理财规划中为客户提供满意的产品和服务。

（三）理财规划的总体目标

每个人的理财目标千差万别，同一个人在不同阶段的理财目标也不相同，但从一般角度而言，理财规划的目标可以归结为两个层次：实现财务安全和追求财务自由。

1. 实现财务安全

财务安全是指个人或家庭对自己的财务现状有充分的信心，认为现有的财富足以应对未来的财务支出和其他生活目标的实现，不会出现大的财务危机。理财观不同，财务安全的含义也不同。

一般来说，从生活理财的角度来说，财富自由主要用来衡量一个人或家庭的财务安全，指现有的财务资源足以应对现在和未来的生活支出。主要有以下内容：

（1）是否有稳定、充足的收入；

（2）个人是否有发展潜力；

（3）是否有充足的现金准备；

（4）是否有适当的住房；

（5）是否购买了适当的财产和人身保险；

（6）是否有适当、收益稳定的投资；

（7）是否享受社会保障；

（8）是否有额外的养老保障计划。

从投资理财角度看，衡量一个人或家庭的财务安全，主要通过财务安全度指标来判断：

$$财务安全度=\frac{投资性资产市场价值}{投资性资产原值}\times 100\%$$

财务安全度是用来衡量个人投资性资产保值能力的指标。如果财务安全度大于100%，则表示个人投资性资产保值能力强；反之，则表示个人投资性资产保值能力弱。

从投资理财角度看，所谓财务安全就是指要保障个人财务资源原有价值不受损失。实现财务安全是理财规划所追求的第一层次目标，只有实现财务安全，才能达到人生各阶段收入支出的基本平衡。

刘先生家庭2016年1月1日拥有金融资产共计60万元，到2016年12月31日，这些金融资产价值达到了66万元，则刘先生这些金融资产的安全度为（66/60）×100%＝110%，这说明刘先生的资产保值能力较好。

2. 追求财务自由

所谓财务自由，表示个人在不用为一份薪水而工作的前提下其财务资源就可以满足个人生活所需的状态，但并不是指个人拥有大笔的实际物质财富才能达到。财务自由是理财规划所追求的第二层次目标。财务自由主要体现在投资收入可以完全覆盖个人或家庭发生的各项支出，个人从被迫工作的压力中解放出来，已有财富成为创造更多财富的工具。

$$财务自由度=\frac{投资性收入(非工资收入)}{日常消费支出}\times 100\%$$

财务自由度是用来衡量个人财务自由程度的指标。如果财务自由度大于100%，则表示个人财务自由度大；反之，则表示个人财务自由度小。

财务自由度是家庭理财中一项很重要的指标。如果一个人靠购买基金和炒股的收益完全可以应付家庭日常支出，工资可以基本不动，那么这个人的财务自由度就高，即使以后失业了也不会对家庭生活造成太大影响。如果一个人除了工资之外几乎没有任何理财收入，则只能完全依赖工作吃饭了，在工作上不能有任何闪失。因此，要提高家庭财务自由度指标就要及早树立理财意识。

课内讨论：

对本单元案例1.1中两种不同的理财观进行分组辩论。你赞成张先生的消费优先理财观还是赞成刘先生的投资优先理财观？

（四）理财规划具体目标

在理财规划实际工作中，财务安全和财务自由目标具体表现在以下八个方面。

1. 必要的资产流动性

为了满足日常开支、预防突发事件，个人有必要持有流动性较强的资产。以保证有足够的资金来支付短期内计划中和计划外的费用。但个人又不能无限地持有现金类资产，因为过强的流动性会降低资产的收益能力。理财规划师进行理财规划时，既要保证客户资金的流动性，又要考虑现金的持有成本，通过现金规划使短期需求可用手头现金来满足，预期的现金支出通过各种储蓄或短期投资工具来满足。

2. 合理的消费支出

个人理财的首要目的并非个人价值最大化，而是使个人财务状况稳健合理。

3. 实现教育期望

通过合理的财务计划，理财规划师可以确保客户将来有能力合理支付自身及其子女的教育费用，充分达到个人（家庭）的教育期望。

4. 完备的风险保障

理财规划师通过风险管理与保险规划做出适当的财务安排，将意外事件带来的损失降到最低限度，使客户更好地规避风险。同时，进行理财规划的过程中还应注重对非保险类的风险进行管理，以更好地保护我们的生活。

5. 积累财富

正确的财富积累方式，是根据理财目标、个人可投资额以及风险承受能力进行资产配置。确定有效的投资方案，使投资收入占家庭总收入的比重逐渐提高，带给个人或家庭的财富越来越多，并逐步成为个人或家庭收入的主要来源，最终达到财务自由。

6. 合理的纳税安排

合理的纳税安排是指纳税人在法律允许的范围内，通过对纳税主体的经营、投资等经济活动的事先筹划和安排，充分利用政策优惠和差别待遇，适当减少或延缓税负支出，达到整体税后收入最大化。

7. 安享晚年

传统的社会保障与家庭养老模式已被打破，所以有必要在青壮年时期进行财务规划，使人们到晚年能过上“老有所养，老有所终，老有所乐”的有尊严、自立的老年生活。

8. 有效的财产分配与传承

理财规划师要选择适当的遗产管理工具和制定遗产分配方案，确保在客户在去世或丧失行为能力时其个人意志能够得以延伸，实现家庭财产的代代相传。

二、理财规划的内容

（一）理财规划的目的

理财规划的目的在于使个人客户在不断提高生活品质的同时，即使到年老体弱以及收入锐减的时候，也能保持自己所设定的生活水平，最终达到终身财务安全和自由的目标。理财规划是一个评估个人各方面财务需求的综合过程，由专业理财人员通过明确个人客户的理财目标，分析个人的生活、财务现状，从而帮助个人制定出可行的理财方案的一种综合性金融服务。

（二）理财规划的过程

在生活中进行生活理财规划是根据人生阶段目标而确立理财目标；根据财务现状分析来计算资金缺口；在实现理财目标过程中养成理财习惯、承担必要的投资风险、选用适宜的理财工具。简单来说，理财规划主要包括理财规划目标、理财缺口分析和理财工具使用三个方面。

理财规划目标是根据人生目标而进行适当调整的。

理财缺口分析是未来理财目标所需的资金价值以及目前已有资金在未来的价值之间的差值分析。理财工具的使用包括金融类和非金融类，金融类理财工具包括银行经营类和非银行经营类；非金融类理财工具主要包括各类直接投资产品。

以上理财规划过程见图 1－1。

（三）理财规划的内容

根据生活理财规划的不同阶段，一般个人和家庭每个阶段均需进行的理财规划包括现金规划、消费支出规划、保险规划、税收规划、投资规划。而根据家庭情况进行的目标型规划包括教育规划、退休规划、财产分配与传承规划。

1. 现金规划

现金规划是对家庭或者个人日常的、日复一日的现金及现金等价物进行管理的一项活动。现金规划的作用在于满足日常现金需要，满足计划外现金消费——紧急备用金。现金规划的目的在于确保足够的资金来支付计划中和计划外的费用，并且使消费模式处于预算限制之内。

2. 消费支出规划

消费支出规划是基于一定的财务资源，对家庭消费水平和消费结构进行规划，以达到适度消费、稳步提高生活质量的目标。

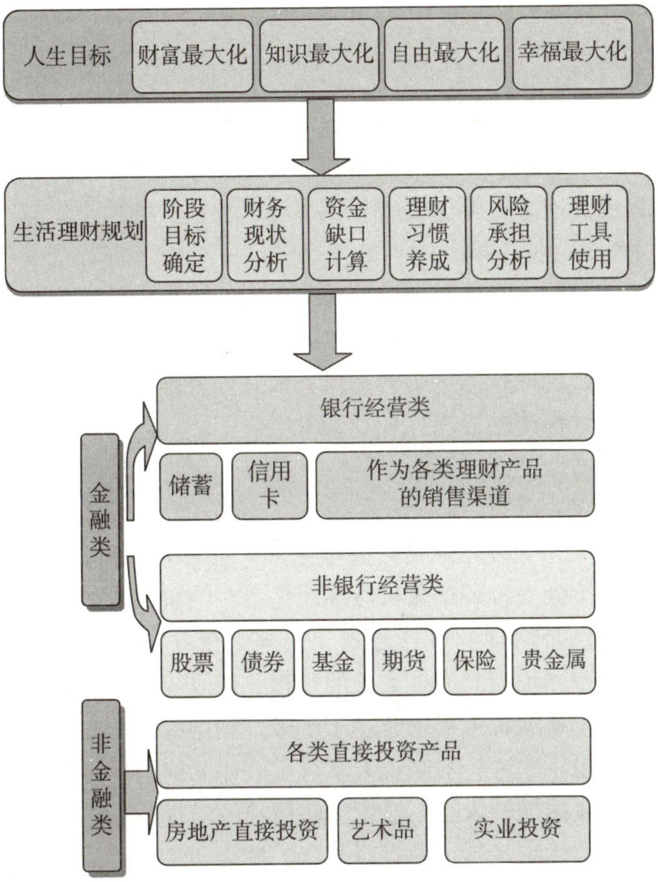

图 1-1　理财规划过程

家庭消费支出规划主要包括住房消费规划、汽车消费规划、子女教育消费规划以及信用卡与个人信贷消费规划等。保持家庭财富增长的重要原则是开源节流。在收入一定的情况下，如何做好消费支出规划对一个家庭整个财务状况具有重要的影响。家庭消费支出规划的目的是要合理安排消费资金，树立正确的消费观念，节省成本，保持稳健的财务状况。家庭消费支出规划是理财业务不可或缺的内容，如果消费支出缺乏计划或者消费计划不得当，家庭很可能支付过高的消费成本，严重者甚至会导致家庭出现财务危机。

3. 教育规划

教育支出既是一种消费支出，也是一种投资支出。教育不仅可以提高人的文化水平与生活品位，也可以增加受教育者的人力资本。教育规划包括本人教育规划和子女教育规划两种，自我完善和教育后代都是人生重要的内容。而子女教育规划又分为基础教育规划和高等教育规划。进行教育规划时，首先要对教育需求和子女的基本情况进行分析，以确定当前和未来的教育投资资金需求；其次，要分析收入和资产状况，确定教育投资资金的来源；最后，应当分析教育投资资金来源与资金需求的差距，并寻求恰当的投资工具，以投资收益弥补教育投资差距。

4. 保险规划

保险与人生是密不可分的。人生有悲有喜，当不幸的事情发生时，总不免要花钱消灾，但仅靠平时储蓄或社会救济可能还不够。此时可以通过经济又实惠的保险制度加以规划。保险规划是指通过对风险的识别、衡量和评价，并在此基础上选择与优化组合各种风险管理技术，对风险实施有效控制和妥善处理风险所致损失的后果，以尽量小的成本去争取最大的安全保障和经济利益的行为。

保险规划的基本步骤是：首先，要确定保险的标的，也就是确定保险对象的财产和人的寿命或身体状况；其次，确定保险需求缺口，也就是确定保险事故发生时所需要的资金与个人为防范事故发生已经储备的资金的缺口；最后，要确定保险产品和保险期限以弥补保险需求缺口，满足个人保障的需求。

5. 税收规划

税收规划是指纳税人为了减轻税收负担和实现涉税零风险而采取非违法手段，对自己的经济活动事先进行的策划安排。个人税收规划是指在纳税义务发生前，通过对纳税主体的经营、投资、理财等经济活动的事先筹划和安排，充分利用税法提供的优惠和差别待遇，以减轻税负，达到整体税后利润最大化的过程。税收规划主要包括以下内容：

其一，避税规划，是指纳税人采用非违法手段，利用税法中的空白获取税收利益的规划。纳税规划既不违法也不非法，与纳税人不尊重法律的偷逃税行为有着本质区别。

其二，节税规划，是指纳税人在不违背立法精神的前提下，充分利用税法中固有的起征点、减免税等一系列的优惠政策，通过对筹资、投资和经营等活动的巧妙安排，达到少缴税甚至不缴税目的的行为。

其三，转嫁规划，是指纳税人为了达到减轻税负的目的，通过价格调整将税负转嫁给他人承担的经济行为。

其四，实现涉税零风险，是指纳税人账目清楚，纳税申报正确，税款缴纳及时、足额，不会出现任何关于税收方面的处罚，即处在税收方面没有任何风险，或风险极小，可以忽略不计的一种状态。这种状态的实现，虽然不能使纳税人直接获取税收上的好处，但却能间接地获取一定的经济利益，而且这种状态的实现，更有利于企业的长远发展与规模扩大。

6. 投资规划

投资规划是根据个人投资理财目标和风险承受能力，为个人制定合理的资产配置方案，构建投资组合来帮助个人实现理财目标的过程。投资规划是理财规划的一个组成部分，而且，投资也是实现其他财务目标的重要手段。如果没有通过投资实现资产增值，个人可能没有足够的财力资源来完成诸如购房、养老等生活目标，因此，投资规划对于理财规划有着重要的基础性作用。

投资规划的步骤是：首先，确定投资目标，也就是投资服务的对象，投资达到的金额和已准备投资资金以及投资时间；其次，确定投资组合，包括选择投资产品，确定每种投资产品的投资比率；最后，评估投资风险，调整投资组合。

7. 退休规划

退休规划是为保证个人在将来有一个自立、有尊严、高品质的退休生活，而制定一个从现在就开始积极实施的规划方案的过程。退休后能够享受自立、有尊严、高品质的退休生活是一个人一生中最重要的财务目标，因此，退休规划是理财规划中不可缺少的部分。

退休规划的步骤是：首先，设定退休生活目标，也就是确定退休后的生活方式和所需生活费用等；其次，确定退休前的每年储蓄资金，就是根据退休后的收支差确定退休时所需准备的储蓄资金，再根据退休时所需准备的储蓄资金和退休前的风险承受能力，确定退休前的每年储蓄资金；最后，制定退休投资产品方案，确定投资组合和投资比率等。

8. 财产分配与传承规划

财产分配与传承规划是人生需要妥善安排的一个重要事项。从形式上看，制定财产分配和传承规划能够对个人及家庭财产进行合理合法的配置；从更深的层次看，财产分配与传承规划为个人和家庭提供了一种规避风险的保障机制，当个人及家庭在遭遇到现实中存在的风险时，这种规划能够帮助客户隔离风险或降低风险带来的损失。

在实际生活中，个人及家庭可能遭遇的风险主要有以下几类：

其一，家庭经营风险。对于其成员共同从事商业经营的家庭来讲，经营收益是该家庭的主要收入来源，维持着整个家庭的正常生活，而一旦该经营实体受到商业风险的冲击，整个家庭的经济状况就有可能急转直下，严重地威胁到家庭成员的正常生活、教育、工作等。

其二，夫妻中一方或双方丧失劳动能力或经济能力的风险。夫妻是家庭组织的核心，如果其中一方或者双方均丧失了劳动能力，如工伤、意外事故，造成身体残疾，或者丧失了经济能力，如对外欠债导致被追索等情形，都会导致家庭经济支付能力的下降，影响家庭的正常生活。

其三，离婚或者再婚风险。离婚意味着夫妻关系的结束和一个家庭的解体，无论对家庭还是夫妻任何一方都会产生重大的影响，其中最突出的方面就体现在对家庭财产如何分割上。现实生活中经常会发生这样的情况，即离婚时，夫妻其中一方有转移、隐匿、变卖财产等侵害另一方财产权益的行为，导致受害一方生活质量下降及经济能力减弱等不良结果。

其四，家庭成员的去世风险。家庭成员去世后，其遗留财产的分配会使得家庭其他成员个人的财产增加或者减少，对整个家庭财产也会产生影响。同时，由于多数家庭没有事先立遗嘱的意识，遗产分割很容易在家庭内部产生纠纷，即使有的家庭立了遗嘱，也会因为遗嘱内容表述不清，而在执行过程中出现财产被恶意侵吞或者不按照遗嘱人意愿进行分配等情况。

以上种种家庭及个人遭遇的风险都是不确定的、不可预测的，这些风险一旦发生，就会对个人及家庭的经济能力产生不利影响。如果能够在风险发生之前采取相应措施，就可以最大限度地消除或减少其可能造成的不利影响。财产分配和传承规划就具有这样的风险隔离、减少损失的功能。

三、个人理财中的理财原理

（一）生命周期理论与家庭模型

1. 生命周期理论

个人理财规划是基于人的生命周期而存在的，理财规划师必须为不同的客户在不同的阶段设计有针对性的策略，来帮助他们实现自己的生活目标。

人从出生到死亡会经历婴儿、童年、少年、青年、中年、老年六个时期。由于婴儿期、童年期、少年期没有独立的经济来源，通常也不必承担经济责任，因此这三个时期并不是理财规划的重要时期。而青年期、中年期和老年期则是进行理财规划的三个重要时期。将理财规划的重要时期进一步细分，可分为五个时期，即单身期、家庭与事业形成期、家庭与事业成长期、家庭成熟期（退休前期）和退休期。

（1）单身期。

单身期指从参加工作至结婚的这段时期，一般为 2～8 年，这时客户的年龄一般为 22～30 岁。在这个时期，个人刚刚迈入社会开始工作，经济收入比较低且花销大，但这个时期又往往是家庭资金的原始积累期。这个时期个人的人生目标应该是积极寻找高薪职位并努力工作，此外，也要广开财源，尽量每月能有部分结余，进行小额投资，一方面尽可能多地获得财富，另一方面也为今后的理财积累经验。

（2）家庭与事业形成期。

家庭与事业形成期指从结婚到新生儿诞生的这段时期，一般为 3～5 年。在这个时期，个人组建了家庭，伴随着子女的出生，经济负担加重。对于双职工家庭，经济收入有了一定的增加而且生活开始走向稳定。在这个阶段，尽管家庭财力仍不是很强大，但呈现蒸蒸日上之势。此时家庭最大的支出一般为购房支出，对此应进行仔细规划，使月供负担在自己的经济承受范围之内。另外，此时应开始考虑到高等教育费用的准备，以减轻子女接受高等教育时的资金压力。

（3）家庭与事业成长期。

家庭与事业成长期指子女出生到子女完成大学教育的这段时期，一般为 18～22 年。在这个时期，家庭成员不再增加，整个家庭成员年龄都在增长，经济收入增加的同时花费也随之增加，生活已经基本稳定。但子女上大学后，由于高等教育支出的增加，家庭支出会有较大幅度上升。对处于这一时期的家庭而言，应设法提高家庭资产中投资资产的比重，逐年累积净资产。

（4）家庭成熟期（退休前期）。

家庭成熟期（退休前期）指子女参加工作到个人退休之前的这段时期，一般为 10～15 年。在这个时期，家庭已经完全稳定，子女也已经经济独立，家庭收入增加，支出减少，资产逐渐增加，负债逐渐减少。此时个人的事业一般处于巅峰状态，但身体状况开始下滑。这一时期，最重要的应该是准备退休金，并在资产组合中适当降低风险高的金融资产的比重，获取更加稳健的收益。

(5) 退休期。

退休期指退休后的这段时期。进入退休期，客户肩负的家庭责任减轻，锻炼身体、休闲娱乐是生活的主要内容，收支情况表现为收入减少，而休闲、医疗费用增加，其他费用降低。此时，客户风险承受能力下降，对资金安全性的要求远远高于收益性，所以在资产配置上要进一步降低风险。在这一时期个人（家庭）最主要的目标就是安度晚年，享受夕阳红，并开始有计划地安排身后事。

2. 家庭模型

基本的家庭模型有三种：青年家庭、中年家庭和老年家庭。根据家庭收入主导者的生命周期而定，家庭收入主导者的生理年龄在35周岁以下的家庭为青年家庭。家庭收入主导者的生理年龄在55周岁以上的家庭为老年家庭，介于这两个界限之间的为中年家庭。理财规划必须和不同的生命周期、不同的家庭模型相结合才能产生最佳的实践效果。

分析清楚目前家庭所处的阶段，对于选择具体的理财策略和理财工具有着极为重要的作用。家庭生命周期也可以分为形成期、成长期、成熟期、衰老期，不同生命周期理财重点不同：比如家庭成长期（一般30～50岁）阶段，大类资产配置上偏股类资产占40%～60%，信贷运用上以房屋贷款和汽车贷款为主，以定投或教育年金的形式储备子女高等教育金。

（二）投资组合理论

美国经济学家马考维茨（Markowitz）1952年首次提出投资组合理论，在理论上论证了进行投资组合的必要性和合理性。但是在现实工作中，如果机械地按照这个理论去实践，亏钱是不可避免的。

有经验人士的现实版投资组合理论是这样的：在可行、成本可控的前提下，在时间、空间上进行动态主动性的投资组合。

1. 时间上的投资组合

典型的例子是基金定投。对于波动性大、风险高的资产，选时极其重要，通过分析对资产进行时间上的选择，进行分批投资。

2. 空间上的投资组合

经济是变化发展的，相应的各类资产、各个不同的市场也会风云变幻，时好时坏。这就需要投资时审时度势，在不同市场、不同空间进行切换调整。调整投资在成熟市场和新兴市场的风险收益和获利机会。

四、理财顾问的职业规划和职业道德

（一）理财规划职业

理财规划师是为客户提供全面理财规划的专业人士。按照中华人民共和国劳动和社会保障部（现人力资源和社会保障部）制定的《理财规划师国家职业标准》，理财规划师是指运用理财规划的原理、技术和方法，针对个人、家庭以及中小企业、机构的理财目标，提供综合性理财咨询服务的人员。理财规划的全方位性要求理财规划师全面掌握各种金融工具及相关法律法规，为客户提供量身订制的、切实可行的理财方案，并不断修正，以满足客户长期的、不断变化的财务需求。

在国外，理财规划师可以在非独立理财机构和独立理财机构任职。非独立理财机构即企业经营性理财机构，是指经营投资理财产品的银行、证券、保险等金融机构。独立理财机构是指基于中立的立场，不代表任何机构如保险公司、基金公司、银行等，也不仅仅代表单个客户的利益，为客户提供综合理财规划服务的中介机构，例如咨询公司、理财师事务所、会计师事务所、税务师事务所、律师事务所等机构。目前在我国，理财规划师主要在非独立理财机构任职，独立理财机构正在形成中。按照我国《理财规划师国家职业标准》，本职业共设三个等级，分别为：助理理财规划师（国家职业资格三级）、理财规划师（国家职业资格二级）、高级理财规划师（国家职业资格一级）。

按照《理财规划师国家职业标准》（2006 年版），助理理财规划师（具备以下条件之一者）的申报条件为：

（1）连续从事本职业工作 6 年以上；

（2）具有以高级技能为培养目标的技工学校、技师学院和职业技术学院本专业或相关专业毕业证书（本标准中相关专业是指经济学、管理学、法学）；

（3）具有本专业或相关专业大学专科及以上学历证书；

（4）具有其他专业大学专科及以上学历证书，连续从事本职业工作 1 年以上；

（5）具有其他专业大学专科及以上学历证书，经本职业助理理财规划师正规培训达到规定标准学时数，并取得结业证书。

（二）理财规划职业资格介绍

1. 国外理财规划职业资格介绍

20 世纪 70 年代，理财规划首先出现在美国，当时主要为美国公众解决如何进行合理避税的问题。早期的理财规划停留在财务顾问的基础上，没有形成自成一体的理论和统一的操作程序。1985 年，第一个理财规划师协会在美国成立，随即英国在 1986 年、日本在 1987 年都成立了由国家认可的理财规划师协会。1990 年“国际理财规划师协会”成立，标志着理财规划服务有了统一的职业道德标准、胜任能力标准和实际操作标准，这使得理财规划师职业得以在全球迅速推广。在总的原则下，各国、各地区的成员协会组织根据各自国家的经济、政治制度制定具体标准，规范理财规划师注册程序，举行理财规划师考试，颁发理财规划师证书。

(1) CHFC (Chartered Financial Consultant) ——特许理财顾问师。1982 年由美国学院创立，以其考试难度较高，后续培训比较完善，侧重实务操作而获得广泛认可，已有 8 万多人取得该证书。要取得 CHFC 证照，需有 3 年相关工作经验，并通过八门核心课程考试。

CHFC 与其他理财职业资格课程相互承认学分。

(2) CLU (Chartered Life Underwriter) ——特许人寿理财师。它是美国三大理财认证之一。作为公认的寿险专业领域最高级别的资格认证，CLU 始于 1927 年，已有超过 12 万人取得该证书，是目前持有人数最多的理财认证证书。随着 CLU 的发展，它的范畴早已不局限于寿险领域，而是一个综合理财规划认证证书。要获得 CLU 证书需通过八门核心课程考试，以获得有关收入支出规划、不动产规划、财产传承规划、财产管理等方面的能力。

(3) CFP (Certified Financial Planner) ——注册理财规划师。它由 CFP 标准委员会 (CFP Board Of Standards) 考试认证，在美国广受认可。1972 年，美国首批 CFP 诞生，全美共有 20 多万人获得该项认证资格。CFP 考试涉及七大类共 102 个子课题，涵盖了保险、投资、财务、会计等基本原理、政策法规及市场投资品种等方面的知识，内容广，难度大。

(4) IFA——独立财务顾问师。这是英国的理财规划职业资格，主要指从事理财咨询行业的执业人员。我们通常将通过理财规划师考试并取得从业资格的从业人员叫做理财规划师，而英国对此的称谓是 IFA，即独立财务顾问师。英国独立财务顾问师并非是一项资格考试，而是一个从业资格，它的授予标准主要在于是否已经获得相关职业资格，而不是需要通过考试才能获得。

2. 国内理财规划职业资格介绍

国家劳动和社会保障部（现人力资源与社会保障部）已于 2003 年将理财规划师作为新职业发布。为促进和规范理财规划师职业的健康发展，该部组织有关专家制定了《理财规划师国家职业标准（试行）》（以下简称《标准》），并于 2003 年 1 月 23 日开始施行，从而使得理财规划师考试和资格鉴定工作有了一个全国统一的基本标准。《标准》规定了理财规划师资格鉴定的工作程序、资格考试、鉴定方式等基本内容。在学历方面，申报者需具有大专以上学历，并有相应年限的工作经验。在参加资格考试之前，需要先经过不低于 120 学时的学习。职业培训资格考试分为理论知识和专业能力两大部分。理财规划师考试作为全国统一考试项目，于 2005 年启动了试点鉴定工作，规定每年组织两次考试，时间分别为每年的 5 月和 11 月。

CFP 注册理财规划师在我国也取得了快速发展。针对中国金融理财服务市场不规范的现状，2004 年，成立了中国金融理财标准委员会，在中国引进了国际 CFP 专业资格认证制度。2005年，向国内首批通过金融理财师（AFP）资格认证的金融从业人员颁发了资格证书。中国金融理财标准委员会实施的是两级金融理财师认证制度，即金融理财师（AFP）和国际金融理财师（CFP）认证制度。无论是AFP还是CFP，都必须在达到其制定的教育（Education）、考试（Examination）、从业经验（Experience）和职业道德（Ethics）标准后，方可取得相关的资格认证。

（三）职业道德和操守

1. 职业道德

职业道德，是一个行业从业人员所应恪守的道德标准，或者说是人们在其职业活动中应当遵循的行为规范和准则。一般来说，职业道德不具有法律的强制约束力，但应当是行业人员的自觉和集体约束行为。

2. 理财规划师职业道德规范

理财规划师职业道德规范由两部分组成：职业道德准则和执业纪律规范。下面具体介绍理财规划师职业道德准则。职业道德准则是以原则性的语言表述该行业的从业道德和理念。

理财规划师职业道德准则及其具体规范为：

（1）正直诚信原则及相关具体规范：要求理财规划师诚实不欺，不能为个人利益而损害委托人的利益。如果理财规划师并非由于主观故意而导致错误，或与客户存在意见分歧，且该分歧并不违反法律，则此种情形与正直诚信原则并不违背。理财规划师不得在拓展业务时夸大其专业能力，不得提供虚假理财报告。

（2）客观公正原则及相关具体规范：所谓客观，是指理财规划师以自己的专业知识进行判断，不带感情色彩；所谓公正，是指理财规划师在执业过程中应对客户、委托人、合伙人或所在机构持公正合理的态度，对于执业过程中发生的或可能发生的利益冲突应随时向有关各方进行披露。在合同关系确立之前，理财规划师应当以书面形式披露可能对其客观性及独立性产生影响的各种关系。理财规划师应当及时以书面形式披露与所提供的专业服务相关的重要信息。理财规划师与客户建立初始业务关系时，交易合约条款对客户而言必须是公平合理的。理财规划师应向客户阐明交易风险、利益冲突及其他相关信息，以确保该交易对客户的公平性。理财规划师以代理人身份进行理财服务时，应当明确职权并持有授权代理委托书。理财规划师在执业过程中不得侵占或盗取客户的财产。

（3）谨慎勤勉原则及相关具体规范：理财规划师为客户提供服务时应及时、周到、勤勉；理财规划师必须根据客户的具体情况提供并实施有针对性的理财建议；理财规划师应对其向客户推荐的理财产品进行调查；理财规划师应当对辅助其向客户提供理财规划服务的下属进行指导监督，发现有违规的行为应及时制止；理财规划师应严格履行对客户的承诺。

（4）专业尽责原则及相关具体规范：理财规划师应该具有职业的荣誉感，在提供服务的过程中，应尊重并礼貌对待客户及其他理财师；理财规划师应当在其所能胜任的范围内为客户提供理财服务；对那些尚不具备胜任能力的领域，理财规划师可以聘请专家协助工作，或向专业人员咨询，或者将客户介绍给其他相关组织；理财规划师在从事理财规划过程中应当遵守业内的规章，从专业角度进行审慎判断。

（5）严守秘密及相关具体规范：未经客户书面许可，理财规划师不得向合同关系以外的第三方透漏任何有关客户的个人信息；理财规划师不得披露在执业过程中知悉的客户涉嫌违法犯罪的事实，至少没有义务向司法机关举报；理财规划师对雇主和客户应遵循相同的保密标准。

（6）团队合作及相关具体规范：理财规划师要及时认识到自身所掌握知识和技能的局限，对于自己不熟悉的领域，应当请教该领域的专业机构，或及时将业务交给所在机构的其他具备该专业的理财规划师办理；理财规划师应当与同业者充分合作，共同维护和提高该行业的公众形象及服务质量；理财规划师与其他理财专业人士及相关组织，应遵循公平合理的竞争原则开展业务。

3. 违反职业道德规范的制裁措施

对于违反职业道德准则和执业纪律规范的行为，行业自律机构根据具体情节的不同，给予不同的制裁。对于非执业理财规划师违反职业道德规范，通常的制裁措施是取消其理财规划师资格，严重者可能终生无法参加理财规划师职业资格考试，或终生无法执业。对于执业理财规划师违反职业道德规范，通常的制裁措施是警告、暂停执业、罚款和吊销执照等。

法律责任：理财规划师违反职业道德准则和执业纪律规范的行为，如同时触犯了法律，则将承担相应的法律责任。法律责任有民事法律责任、行政法律责任和刑事法律责任。民事法律责任主要表现为违约责任和侵权责任。如理财规划师不按照合同约定提供承诺的服务，客户可要求理财规划师所在机构承担违约责任，所在机构承担违约责任后，再追究理财规划师的责任。如理财规划师向客户提供虚假或误导性信息，给客户造成损害的，理财规划师所在机构承担侵权责任，所在机构承担责任后，再追究理财规划师的责任和行政法律责任，主要表现为罚款、吊销执照或停业整顿等。

刑事法律责任，是理财规划师的行为触犯刑法后所承担的法律责任。在理财规划师侵占或盗取客户或其所在机构财产，且情节严重的情况下，理财规划师将被追究刑事法律责任。

五、理财顾问的理财规划工作流程

作为理财顾问，进行理财规划的标准工作流程分为六步：建立客户关系、收集客户信息、分析客户财务状况、制定理财方案、执行理财方案、持续理财服务。

（一）建立客户关系

能否建立客户关系直接决定了理财规划业务的开展。建立客户关系的方式可以多种多样，主要包括电话交谈、互联网沟通、书面交流和面对面交谈等。在建立客户关系过程中，沟通技巧很重要，不但要注意口语沟通技巧、书面沟通技巧，还要懂得运用各种非语言的沟通技巧，包括眼神、面部表情、身体姿势、手势等。另外，理财规划师作为专业人士，在与客户交谈时要尽量使用专业化的语言。在涉及投资回报率等财务指标时，尽量不要给出确定的、承诺的表示，以免因此承担不必要的法律责任。

（二）收集客户信息

理财规划方案是在对客户信息非常了解的基础上做出来的。只有全面、准确地了解客户信息，理财规划方案才会尽可能接近客户的实际。理财规划师收集的客户信息包括客户的财务信息、非财务信息和客户的理财目标。

收集客户信息时要注意采用数据调查表的方式进行，收集完后要注意保存。

（三）分析客户财务状况

客户现行的财务状况是达到未来财务目标的基础，理财规划师在提出具体的理财计划之前，必须客观地分析客户的现行财务状况并对客户未来的财务状况进行预测。客户的财务状况分析主要包括客户家庭资产负债表、现金流量表和财务比率分析以及未来财务状况的预测。其中，资产负债表分析包括客户家庭资产和负债在某一时点的基本情况；现金流量表分析是指对客户在某一时期的收入和支出进行归纳汇总，为进一步的财务现状分析与理财目标设计提供基础资料；财务比率分析包括结余比率、投资与净资产比率、清偿比率、负债比率、即付比率、负债收入比率和流动性比率等。

（四）制定理财方案

理财规划师在了解客户信息和理财目标的基础上，诊断出客户的财务问题后，在考虑目前和未来宏观经济发展状况的前提下，为客户制定整体理财方案。理财方案一般以理财规划建议书的方式表示。初步的理财规划方案可以有几种，最终的理财方案由理财规划师和客户共同选定。

（五）执行理财方案

为了确保理财规划的执行效果，理财规划师应当遵循三个原则：准确性、有效性和及时性，而且还要制订理财规划的执行计划。在执行计划中，要确定理财计划的实施步骤，确保匹配的资金来源和实施时间表。在执行计划过程中，理财规划师还应注意以下一些问题：

（1）不论是在实施计划制订的过程中还是在完成之后，都应当积极主动地与客户进行沟通，让客户亲自参与到实施计划的制订和修改过程中来；

（2）执行理财规划必须首先获得客户的执行授权；

（3）妥善保管理财规划的执行记录。

理财方案本身不是一成不变的，当理财方案的假设前提或客户的财务状况发生重大变化时，理财方案需要随时调整。

（六）持续理财服务

理财服务并不是一次完成的，需要不断地调整修改才能达到客户的理财需求。由于理财规划持续的时间较长，未来的预估不可能完全准确，客户的经济条件、理财目标等也会发生变动，因此，理财方案也需随之变化。理财规划师应当根据新情况不断调整方案。通常情况下，理财规划至少每年修正一次，如果客户所投资的是高风险的产品，则需要每季或每半年就调整一次。持续理财服务包括定期对理财方案评估和不定期的信息服务和方案调整。

学习任务

任务 1　在校生经济状况调查

【任务背景】

理财规划师是能够体现金融从业人员综合业务技能的一个重要岗位，也是我们今后从业的一个方向。初级的从业者除了掌握基本的理财综合技能外，一项很重要的业务技能就是通过各种方式对顾客或潜在顾客的经济状况进行详细的调查和了解，并且进行初步的分析，得出顾客或顾客群体的个人财务管理能力的高低。

【任务内容】

1. 可以选择问卷调查、观察、谈话等方式进行，最后得出分析结果。
2. 标题均为“大学在校生经济和消费状况分析报告”。

【任务要求】

1. 字数不得少于 1 000 字，要包括数据的分析。
2. 语言精练，不得相互抄袭或抄袭互联网上公开发布的资料。
3. 每组设计调查问卷，进行真实调查，问卷资料最后附在分析报告后。
4. 完成时间：课内 90 分钟，课外 90 分钟。
5. 完成地点：校内、教室外完成。
6. 完成方式：每人独立完成。

任务 2　个人收入支出记账

【任务背景】

理财要从自身做起，个人的理财习惯养成自记账开始。

【任务内容】

从开课日起至结课共计 16 周，每位学生均需按周记录个人收入支出，并进行收入支出分析，必要时制订开源节流计划，并实施。

【任务要求】

1. 16 周连续记录收入支出。
2. 每人独立完成。
3. 按照教师给定的记账基本要素，由学生准备记录本，进行连续收支记账和个人财务分析。

4. 账页丢失或未记录，取消本课程考核资格。

任务3 理财规划计划

【任务背景】

人生计划是主流生活模式，也是理财存在的基础，生命周期是具有普遍性的人生过程，从青年单身到家庭形成、家庭成长，直至家庭成熟并退休养老，每个阶段都有人生的目标，而目标的实现离不开必要的“钱”。

【任务内容】

结合生命周期理论，绘制出自己的生命周期预计图，标明预计年龄和这一阶段的理财目标，分析为实现这一目标，你需要进行的主要理财活动。

【任务要求】

1. 完成时间：课内90分钟。
2. 完成地点：校内、实训室。
3. 完成方式：每人独立完成。

子情境二　理财价值计算

知识目标

1. 掌握资金的时间价值的含义。
2. 掌握资金时间价值的现值、终值、年值的概念。
3. 掌握手算原理。
4. 掌握Excel常用财务函数。
5. 了解投资分析方法。

专业能力目标

1. 掌握理财过程中资金时间价值的体现。
2. 熟练运用Excel函数。
3. 掌握理财价值比较分析方法。

方法能力目标

1. 能阐述资金价值比较原则。
2. 能结合系数表进行理财价值手算。
3. 能使用Excel进行理财价值计算。
4. 能设计Excel理财价值计算表格。
5. 能比较不同理财方案的经济价值。

一、资金的时间价值

货币时间价值是理财规划过程中经常使用的重要工具，是金融理财的计算基础。本情境以案例的方式讲述货币时间价值的基本知识和计算方法，为以后的理财规划实务提供基础性知识准备。

（一）货币时间价值的本质

［例1-1］　西格资产理财公司的业务

1987年，安娜赢得了一项总价值超过130万美元的大奖，分20年等额付清。在以后20年中，每年她都会收到65 000美元的分期付款。1993年，安娜女士接到了位于佛罗里达州的西格资产理财公司的一位经纪人打来的电话，称该公司愿立即付给她160 000美元以获得今后9年其博彩奖支票的一半款项（也就是，现在的160 000美元交换未来9年共292 500美元［32 500美元×9］的分期付款）。西格资产理财公司是一个奖金经纪公司，其主营业务就是通过跟踪类似安娜女士这样的博彩大奖的获得者，公司获悉许多人会急于将他们获得奖项的部分马上变现成一大笔钱，进而收购这种获得未来现金流的权利再转售给一些机构投资者。与此同时，西格资产理财公司已和雅典人寿保险公司谈好，将它领取安娜女士一半奖金的权利以206 000美元的价格卖给雅典人寿保险公司。如果安娜女士答应公司的报价，公司就能马上赚取46 000美元。最终安娜女士接受了报价，交易达成。

问题：为何西格资产理财公司能安排这笔交易并立即获得46 000美元的利润?

要理解本案例，必须了解货币的时间价值。对于安娜女士而言，未来9年每年的32 500美元相当于当前的160 000美元，而对于雅典人寿保险公司而言，它愿意以当前放弃206 000美元的代价，获得未来9年里每年稳定的32 500美元的现金流入。可见，相同额度的货币，在不同的时间点，其价值量是不相等的。

货币时间价值是指货币经历一定时间的投资和再投资所增加的价值，也称资金的时间价值。从经济学观点来说：同量货币在不同时间的价值是不相等的，货币持有者假如放弃现在使用此货币的机会，就可以在将来换取按其所放弃时间的长短来计算货币的时间价值，也就是我们常说的：今天的一元钱比未来的一元钱更值钱。

货币能够增值，首要的原因在于它是资本的一种形式，可以作为资本投放到企业的生产经营当中，经过一段时间的资本循环后，会产生利润。每完成一次循环，货币就增加一定数额，周转的次数越多，增值额就越大。因此，随着时间的延续，货币总量在循环和周转中按几何级数增长，使得货币具有时间价值。

然而，货币并非只有直接投入企业的生产经营才能实现增值。在现代市场经济中，由于金融市场的高度发达，任何货币持有人在什么时候都能很方便地将自己的货币投放到金融市场中，参与社会资本运营。比如，货币持有者可将货币存入银行，或在证券市场上购买证券，这样，虽然货币持有者本身不参与企业的生产经营，但他的货币进入了金融市场，参与社会资本周转，从而间接地参与了企业的资本循环周转，因而同样会发生增值。

可见，货币时间价值产生的原因是：由于货币直接或间接地参与了社会资本周转，从而获得了价值增值。货币时间价值的实质就是货币周转使用后的增值额。

货币时间价值的体现在日常生活中比比皆是：

你在商业银行存了10 000元1年期定期存款，一年后，你拿到了10 225元，其中的225元就是由货币的时间价值带来的。

如果你购买了一套100万元的住房，首付款30万元，剩余的70万元按揭贷款（假设公积金贷款年利率3.87%），30年还清，按月等额还款情况下，每个月要还款3 290元，30年共还款148.44万元，比借款本金足足多了48.44万元，抵得上半套住宅的价值了。

例如，李阳看中了丰田旗下的一部汽车，车价大约为20万元。经销商告诉李阳，他可以申请丰田金融公司的5～5贷款方案，首付50%，也就是10万元后，可以在一年期末一次性偿还剩余的尾款10万元。而在贷款期内，他只需要支付811元的月供就可以了。

（二）怎样衡量货币时间价值

[例1-2]　安娜和安妮的投资回报

安娜现在有一笔资金10 000元，如果进行银行的定期储蓄存款，期限为3年，年利率为2%，那么，根据银行存款利息的计算规则，到期时安娜所得的本息和是多少?

安妮的一笔资金的数额为10 000元，银行的1年期定期储蓄存款的利率为2%。安妮每年年初都将上一年的本金和利息提出，然后再一起作为本金存入1年期的定期存款，一共进行了3年。

那么安妮在第3年年末总共可以得到多少本金和利息呢?

银行的储蓄存款利率都是按照单利计算的。所谓单利，就是只计算本金在投资期限内的时间价值（利息），而不计算利息的利息。这是利息计算最简单的一种方法。

单利的计算方法：

$$本利和(利)=本金\times(1+借期\times利率)$$

3年后，安娜能够获得10 600元：10 000×（1+3×2%）的本利和。

但是对于投资者而言，不会把利息收入原封不动地放在钱包里，每一期收到的利息都是会进行再投资的。案例中，安妮就是聪明的投资者，虽然银行采用单利的计息方式，但她巧妙地将本金和利息取出后在下一期作为本金进行投资。这就是复利的投资方式。

所谓复利，是指在每经过一个计息期后，都要将所获得的利息加入本金，以此为基础计算下期的利息，即以利生利，也就是俗称的“利滚利”。

复利的计算方法：

$$本利和(复利)=本金\times(1+复利利率)^{借期}$$

3年后，安妮能够获得：$10\ 000\times(1+2\%)^3=10\ 612$ 元的本利和。

可见，同样是3年的投资期限，安妮的回报要高于安娜的回报。

单利法计算简单，操作容易，也便于理解，因此银行存款计息和到期一次还本付息的国债都采取单利计息的方式。但在投资中，却不能忽视利息的时间价值，而且随着投资时间的增长，复利体现的时间价值的效果就更明显了。复利显然是更为科学的计算投资收益的方法，因此本书只考虑在复利的计算方法下进行相应的理财规划。

［例1-3］　单利和复利的投资效果

安娜和安妮各有资金10 000元，安娜以单利的方式进行投资，而安妮则以复利的方式进行投资。她们的年投资回报率均为10%，在未来年份里，她们的财富有差别吗？差别大吗？

图1-2告诉我们，1年后，她们的投资业绩没有差别，2年后，安妮的投资业绩略好于安娜，但随着时间的推移，安妮的财富增长的速度越来越快，20年后，安娜的本利和是3万元，而安妮的则高达6.7万元，两人的财富水平有本质的差别。精明的投资者又岂能忽视复利的作用？

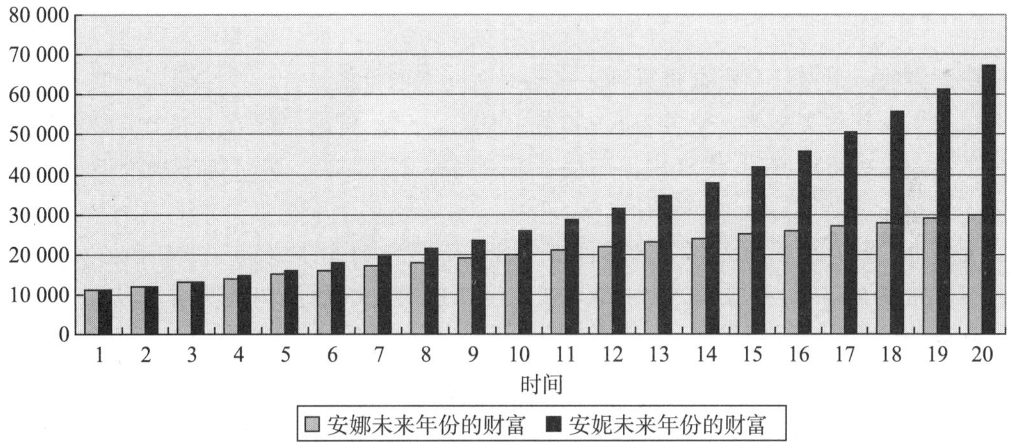

图1-2　单利和复利的投资效果

二、理财价值分析基础

（一）理财计算的相关变量

［例1-4］　汽车金融公司还款方式非常灵活，与银行贷款相比，更加贴近人心。例如汽车金融公司提供的"智慧型"还款就是一种颇受欢迎的方式。以售价为11.78万元的凯越为例，如果采取标准型贷款，首付3成，贷款3年，每月还款金额为2 585元；如果采取智慧型贷款，首付2.5成，贷款3年，每月还款金额为2 199元，同时在最后一月支付尾款2.314万元。智慧型还贷方式可以降低每月的还款压力，比较适合有年底双薪和奖金分红的消费者。

从案例可见，8.246万元的车贷（11.78万元×0.7），在时间价值上相当于未来36个月，每月还款2 585元；而8.835万元的车贷（11.78万元×0.75），在时间价值上相当于未来36个月，每月还款2 199元，在最后一月还需支付尾款2.314万元。这也再次说明，不同时间点的等量资金价值是不相等的。

那么，如何计算货币资金在不同时间点的价值呢？这就需要我们理解三个变量：现值、终值和年金的相互关系。

1. 现值（PV）

所谓现值，是指将来的货币资金折算到现在或起始日期的价值。

例如，王先生的孩子三年后要上大学，届时需要的大学四年学费约 60 000 元，如果按银行利率每年 2%计算，王先生现在要存入银行多少钱，才能保证将来孩子上学无忧？这就需要将四年后的学费 60 000 元折算成当前的价值，就是现值。

案例中，客户需要在未来 36 个月，每月还款 2 585 元，是因为当前向汽车金融公司借了 8.246 万元的车贷，这里的 8.246 万元，就是现值。

2. 终值（FV）

所谓终值，是指货币资金折算到未来某一时间点的价值。

张先生最近购买彩票，中奖 100 000 元（PV），他想将这笔钱存入银行，以便将来退休时使用，张先生还有 10 年退休，如按年存款利率 2%计算，10 年后张先生退休时能得到多少钱？

案例中，客户现在向汽车金融公司借了 8.835 万元的车贷（PV），需要在未来 36 个月，每月还款 2 199 元，最后还必须支付尾款 2.314 万元，本案例的最后尾款 2.314 万元就是终值。

3. 年金（A 或 PMT）

年金是指一定时期内一系列相等金额的收付款项。

年金在日常生活中经常发生，如分期付款赊购、分期偿还贷款、发放养老金、支付租金、提取折旧等都属于年金收付形式。

案例中，客户采用标准还贷方式，需要在未来 36 个月，每月等额还款 2 585 元，或客户采用智慧型还贷方式，每月等额还款 2 199 元，都是年金的体现。

年金按照收付的次数和支付的时间划分，可以分为普通年金、预付年金、递延年金和永续年金。

普通年金，是指各期期末收付的年金。工资、偿还贷款、回收投资、折旧等属于普通年金。

如在未来 3 年内，每年年末收回投资 100 万元，其回收形式如图 1－3 所示，横线代表时间的延续，用数字标出各期的顺序号，竖线的位置表示回收的时刻，竖线下端数字表示回收的金额。

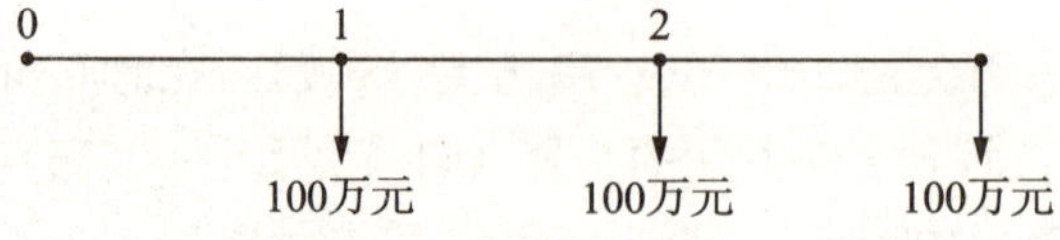

图 1－3 普通年金

预付年金，是指在每期期初支付的年金。现实中，租房户每个月在月初支付房租，学生在学期开学时支付学费都是先付年金。

如在未来 3 年内，每年年初支付土地租金 100 万元，其支付形式如图 1－4 所示。

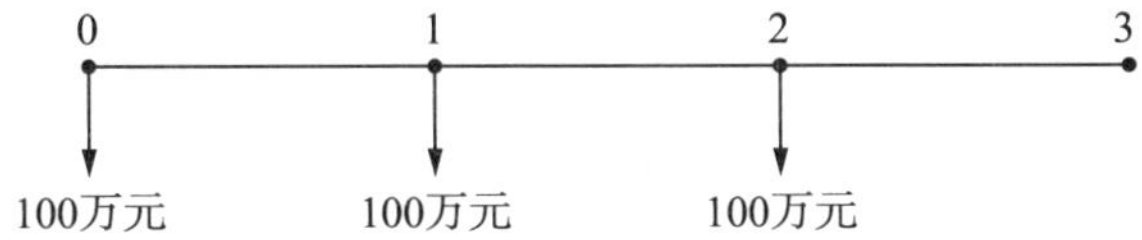

图 1－4　预付年金

递延年金又称延期年金，是指第一次支付发生在第二期或第三期以后的年金。递延年金的支付形式如图 1－5 所示，从图中可以看出，前两期没有发生支付，第一次支付在第三期期末，连续支付三次。

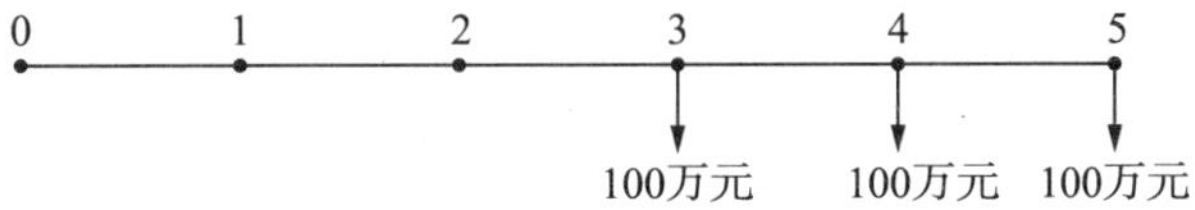

图 1－5　递延年金

永续年金是指无限期的定额支付年金，永续年金没有终止的时间，也就没有终值。

（二）名义利率、周期利率和实际利率

在实际进行理财计算的时候，我们往往被给定的利率是名义利率，在计算过程中使用的是周期利率，而经济方案比较时，需要我们计算出实际利率的大小。

1. 名义利率

名义利率一般为年利率，也叫做报价利率，是由金融机构提供的参考年利率，但实际计息周期却并非按“年”进行。完整的名义利率是“报价利率＋计息期”。我们一般用 i 来表示。

2. 周期利率

周期利率是年利率的一个表现方式，在金融机构给定年利率的情况下，按照实际每年内计息次数能够得到一个计息周期内的名义利率就是周期利率。在实际理财计算中，直接使用的利率是周期利率。

周期利率的计算公式为：$r=i/m$。

其中 r 是周期利率；i 是名义利率；m 是一年中的计息次数。

3. 实际利率

实际利率是理财项目实际利率水平的体现，它与名义利率之间的关系表述如下：

（1）实际利率比名义利率更能反映资金的时间价值；

（2）名义利率越大，计息周期越短，实际利率与名义利率的差异就越大；

(3) 当计息周期为年度时，名义利率与实际利率相等；

(4) 当计息周期小于一年时，实际利率大于名义利率。

实际利率和名义利率之间的关系式为：$r=(1+i/m)^m$。

其中 r 是周期利率；i 是名义利率；m 是一年中的计息次数。

某人存入银行 10 000 元，银行给定年利率为 12%，存款时间为 5 年，当一年内计息次数分别为一年、半年、季度和月时，该人的周期利率、本利和和实际利率会发生什么样的变化？存款时间跟实际利率有关系吗？

三、理财手算技术

（一）手算系数使用

在实际工作中，使用计算器与公式结合是一种计算方法，但大多数时候，我们使用系数表来进行理财计算。

1. 系数的表达方式

待求值=已知值×(待求值/已知值,周期利率,计息次数)

各种情况的手算系数如下：

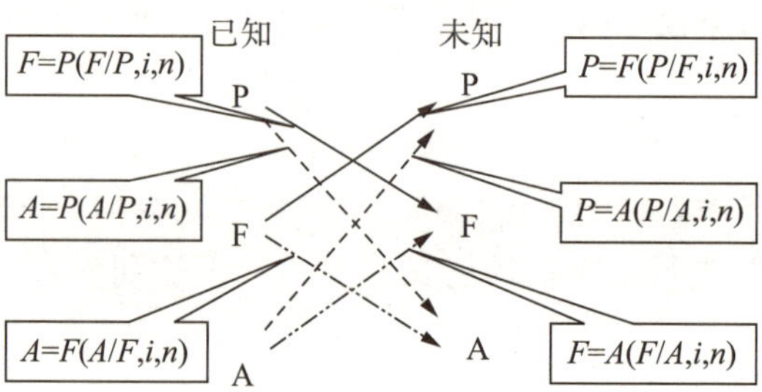

课内练习：

某人存入银行 10 000 元，银行给定年利率为 12%，存款时间为 5 年，当一年内计息次数分别为一年、半年、季度和月时，该人的本利和的系数公式会有什么样的变化。

按照第一个样子写下去：

计息次数为一年一次时：

$$F=10\ 000\times(F/P,12\%,5)=10\ 000\times1.762\ 3=17\ 623(\text{元})$$

2. 准确找出已知值和待求值

在理财实践中，P、F、A 三者的关系通常如下：

(1) 本金 P 与本利和 F 的关系；

（2）一次存进银行养老金（抚养金）P 与今后每年支取额度 A 的关系；

（3）每年存款额 A 和存款目标总数 F 的关系；

（4）抵押贷款总额 P 和月还款额 A 的关系。

确认下列情况中的待求值和已知值，并写出手算系数：

（1）老刘要给儿子投资一笔学费，预计儿子 15 年后留学一次性费用为 50 万元，假设老刘的投资产品年收益率为 8%，请问老刘现在起应一次投资多少钱？

（2）老刘要给儿子投资一笔学费，预计儿子 15 年后留学一次性费用为 50 万元，假设老刘的投资产品年收益率为 8%，请问老刘现在起每年应投资多少钱？

（3）老刘要给儿子投资一笔学费，预计儿子 15 年后留学时使用，假设老刘的投资产品年收益率为 8%，请问老刘现在起每年投资 2 万元，到儿子留学时大约是多少钱？

（4）老刘要给儿子投资一笔学费，预计儿子 15 年后留学时使用，假设老刘的投资产品年收益率为 8%，请问老刘现在起一次投资 15 万元，到儿子留学时大约是多少钱？

（5）小岳欲向银行贷款购房，已知房款总额为 140 万，首付为 30%，他的贷款年限为 35 年，按月还款，现银行贷款利率为 12%，请问月供为多少？

（6）小岳凑足 50 万首付款购房，已知小岳工资收入为 8 000 元，其中 40%可以用来还款，首付为 30%，他的贷款年限为 35 年，按月还款，现银行贷款利率为 12%，请问他最多买得起多少钱的房子？

（二）系数表格设计

系数表格设计通常使用到 EXCEL 表格和原型公式。

1. 一次支付的现值系数和终值系数	
（1）一次支付的终值系数	$F=P(1+i)^n$
（2）一次支付的现值系数	$P=F\frac{1}{(1+i)^n}$
2. 等额序列支付的现值系数和资金回收系数	
（1）等额序列支付的现值系数	$P=A\frac{(1+i)^n-1}{I(1+i)^n}$
（2）等额序列支付的资金回收系数	$A=P\frac{I(1+i)^n}{(1+i)^n-1}$
3. 等额序列支付的终值系数和储存基金系数	
（1）等额序列支付的终值系数	$F=A\frac{(1+i)^n-1}{i}$
（2）等额序列支付的储存基金系数	$A=F\frac{i}{(1+i)^n-1}$

使用 Excel 技术，将公式在第一个计算内设置好，然后进行自动计算，即可得出系数表格。具体应用在 Excel 函数之后进行练习。

四、理财函数应用

（一）常用函数

理财规划需要处理很多金融和财务数据，经常要计算货币的时间价值。在理解货币时间价值计算原理的基础上，利用货币时间价值系数表、Excel 电子表格和金融计算器都能快速计算。本章结合案例，使用 Excel 电子表格工具，探讨货币的时间价值的计算方法。

调用 Excel 财务函数的方法：

步骤 1：打开 Excel 电子表格；

步骤 2：菜单中选择【插入】函数；

步骤 3：下拉菜单选择【函数】；

步骤 4：在【函数】对话框的选取类别框选择【财务】；

步骤 5：在财务函数中选择需要求取的函数：

➢FV 代表终值函数。

➢PV 代表现值函数。

➢PMT 代表年金函数。

➢NPER 代表期数函数。

➢RATE 代表利率函数。

如，要计算 FV，则在财务类别中选择 FV 函数，见图 1－6。

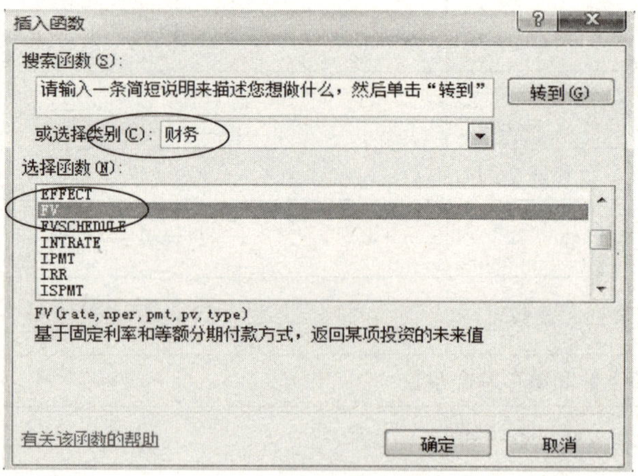

图 1－6 选择 FV 函数

点击确定，则进入 FV 函数的计算框，见图 1－7：在框内填写已知数值，则最终计算机会得到 FV。

其他函数的计算也一样。

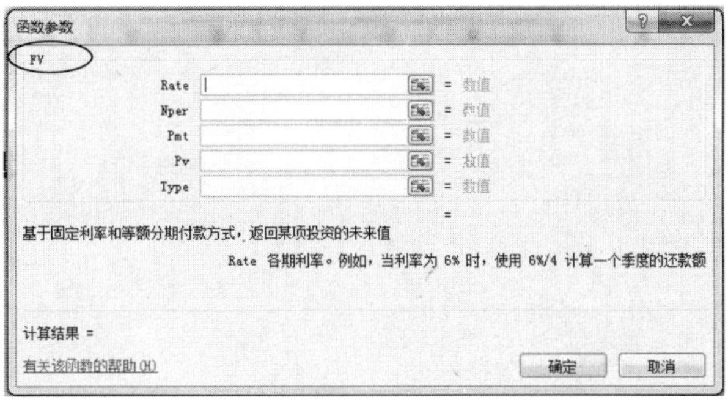

图 1-7　FV 函数参数

（二）现值（PV）和终值（FV）

［例 1-5］　张先生最近购买彩票，中奖 100 000 元，他想将这笔钱存入银行，以便将来退休时使用，张先生还有 10 年退休，如按年存款利率 2%计算，10 年后张先生退休时能得到多少钱？张先生 10 年后希望可以攒够 150 000 元，当前还差多少钱？

1. 现值（PV）和终值（FV）的计算原理

假定投资回报率为 i，投资期数为 n 期，现值和终值的关系如下：

已知现值，求复利终值公式：$FV = PV \times (1+i)^n$

已知终值，求复利现值公式：$PV = FV \times \frac{1}{(1+i)^n}$

张先生 10 年后可以获得：

$FV = 100\ 000 \times (1+2\%)^{10} = 121\ 899$（元）

张先生 10 年后希望可以攒够 150 000 元，当前需要准备：

$PV = 150\ 000 \times [1/(1+2\%)^{10}] = 123\ 052$（元）

当前还差 23 052 元。

2. Excel 电子表格法

在 Excel 的 FV 函数对话框，输入对应的数值，可知张先生 10 年后可以获得121 899 元，输入方法见图 1-8。

输入时应注意数值符号，资金流入时为“+”，流出时为“－”。如张先生拿钱去投资 100 000，对张先生而言，是资金的流出，在 PV 输入“－100 000”，FV 答案是“+121 899”，表明 10 年后，对张先生而言，收取本利和 121 899，是资金的流入。

其他函数的符号表达也一样。

Excel 的 PV 函数对话框，输入对应的数值，可知张先生 10 年后要获得 150 000 元（资金流入），输入方法见图 1-9，则当前必须投入 123 052 元（资金流出）。

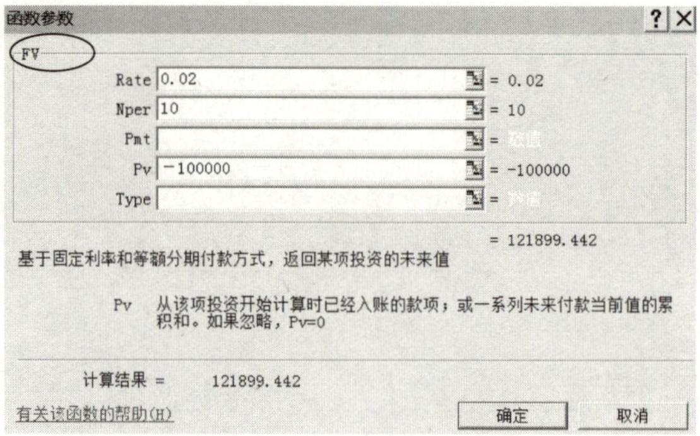

图 1-8 FV 函数参数

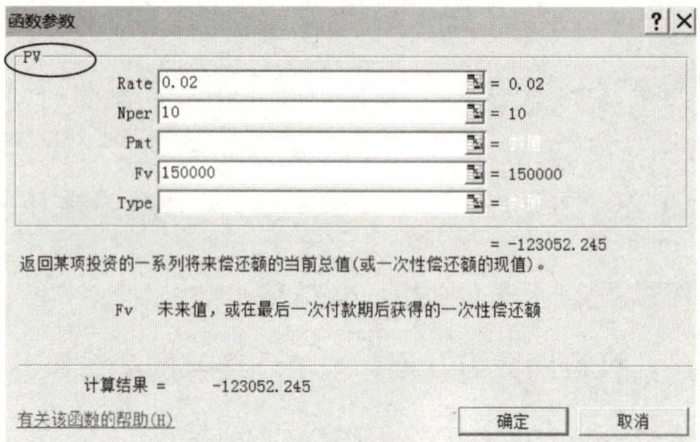

图 1-9 PV 函数参数

（二）现值（PV）和年金（PMT）

[例 1-6] 安娜的汽车贷款安排

安娜出售一专利给达丽公司，约定使用期为 3 年，公司需在合同签订时一次性支付 300 万元。现在公司资金紧张，和安娜协定分 3 年等额支付资金，请问公司每年应支付安娜多少资金？

如果公司只愿意每年支付安娜 100 万元，安娜的专利现在来看值多少钱？（假设利率为 8%）

1. 现值（PV）和年金（PMT）的计算原理

假定投资回报率为 i，投资期数为 n 期，现值和年金的关系如下：

普通年金和现值公式：

$$PV = A \times \frac{1-(1+i)^{-n}}{i}$$

先付年金和现值公式：

$$PV = A \times \left[\frac{1-(1+i)^{-(n-1)}}{i}+1\right]$$

2. Excel 电子表格法

在涉及年金项目时，如果是普通年金，“Type”可不填或填入“0”，如果是先付年金，则在“Type”填入“1”。

在 Excel 的 PMT 函数对话框，输入对应的数值，安娜当前获取 300 万元，如果公司未来每年年末支付，则等同于未来 3 年，每年年末应收取款项 116.4 万元，见图 1-10。

在 Excel 的 PMT 函数对话框，输入对应的数值，安娜当前获取 300 万元，如果公司未来每年年初支付，则等同于未来 3 年，每年年初应收取款项 107.8 万元，见图 1-11。

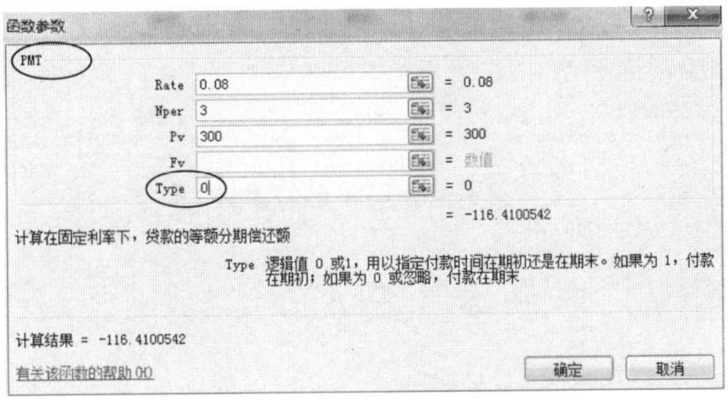

图 1-10　PMT 函数参数

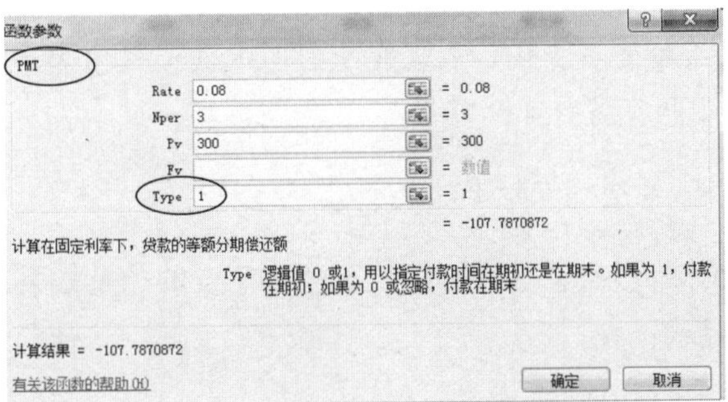

图 1-11　PMT 函数参数

在 Excel 的 PV 函数对话框输入对应的数值。如果公司只愿意每年年末支付安娜 100 万元，安娜的专利现在来看值 257.7 万元（利率 8%），见图 1-12。

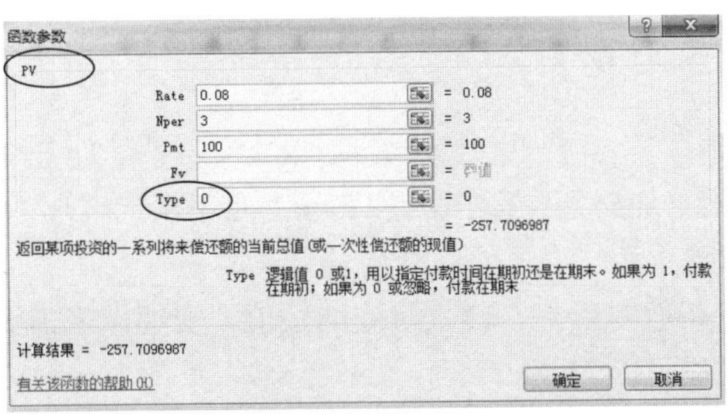

图 1-12　PV 函数参数

在Excel的PV函数对话框输入对应的数值，如果公司只愿意每年年初支付安娜100万元，安娜的专利现在来看，值278.3万元（利率8%），见图1-13。

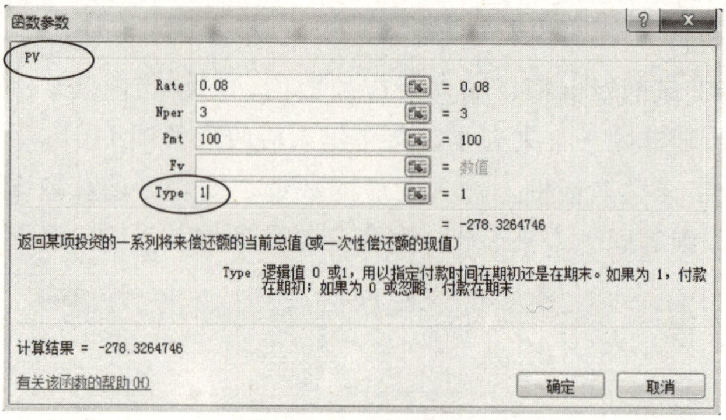

图1-13 PV函数参数

（三）终值（FV）和年金（PMT）

［例1-7］ 安娜的子女教育投资计划

安娜计划让女儿10年后出国留学，并打算为女儿准备150万元的留学费用，为了准备此笔费用，安娜考虑采用每年定投的方式投资某收入型基金，该基金年平均回报率约为6%。安娜想知道，每年投资多少钱，未来能攒够150万元留学费用？安娜如每年投资12万元，10年后该基金账户有多少资金可用？

1. 终值（FV）和年金（PMT）的计算原理

假定投资回报率为i，投资期数为n期，现值和年金的关系如下：

普通年金和终值公式：

$$FV = A \times \frac{(1+i)^n - 1}{i}$$

先付年金和终值公式：

$$FV = A \times [\frac{(1+i)^{n+1}}{i} - 1]$$

2. Excel电子表格法

在涉及年金项目时，如果是普通年金，“Type”可不填或填入“0”，如果是先付年金，则在“Type”填入“1”。

在Excel的PMT函数对话框，输入对应的数值，安娜未来需要150万元留学资金，未来10年，每年年末应投资11.38万元（普通年金），见图1-14。

在Excel的PMT函数对话框，输入对应的数值，安娜未来需要150万元留学资金，未来10年，每年年初应投资10.74万元（先付年金），见图1-15。

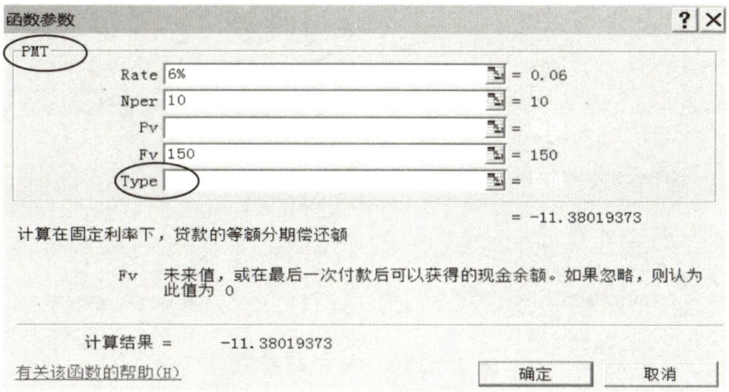

图 1-14　PMT 函数参数

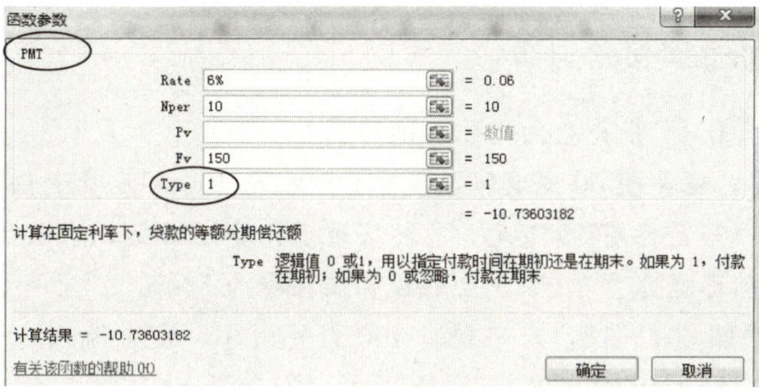

图 1-15　PMT 函数参数

在 Excel 的 FV 函数对话框，输入对应的数值，可知安娜如果每年年末能投资 12 万元（资金流出），则 10 年后，资金账户有 158.17 万元可供使用（资金流入），见图 1-16。

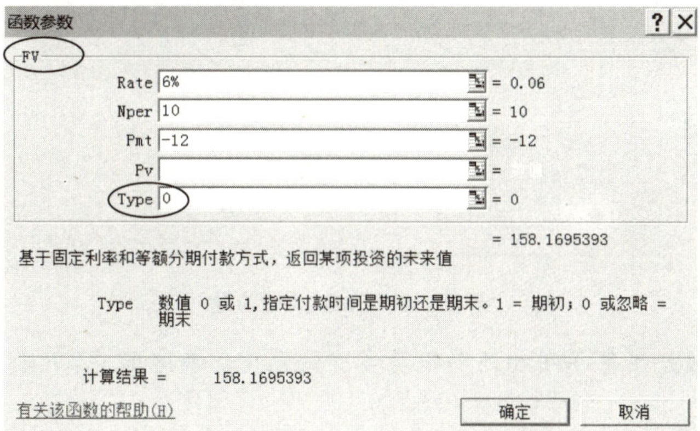

图 1-16　FV 函数参数

在 Excel 的 FV 函数对话框，输入对应的数值，可知安娜如果每年年初能投资 12 万元（资金流出），则 10 年后，资金账户有 167.66 万元可供使用（资金流入）。

预付年金的情况下，结果见图 1-17。

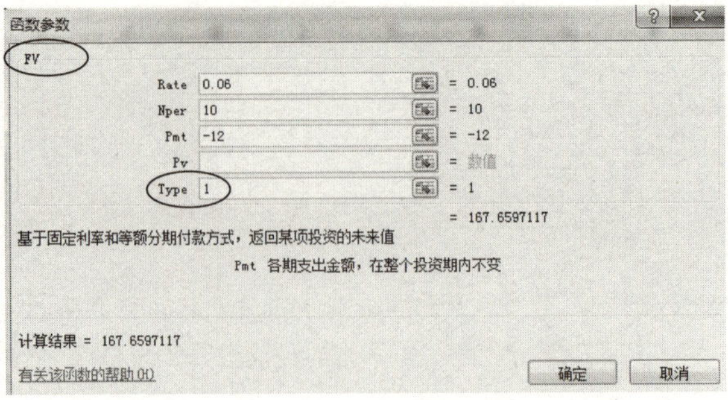

图 1-17 FV 函数参数

（四）Excel 工具的扩展应用

1. 货币时间价值的复合计算

[例 1-8] 求 PMT 张先生的退休养老计划

张先生现 40 岁，他希望 60 岁退休，退休时能积累 100 万元资金供退休养老使用。张先生的退休养老账户当前已有 20 万元，要想实现退休养老目标，未来 20 年，每年年末还要投资多少钱到退休养老账户？（张先生的投资回报率为 5%）

Excel 计算方法如图 1-18，未来要有 100 万元可用（资金流入），当前投入 20 万元（资金流出）之外，还需每年年末投资 1.42 万元（资金流出）。

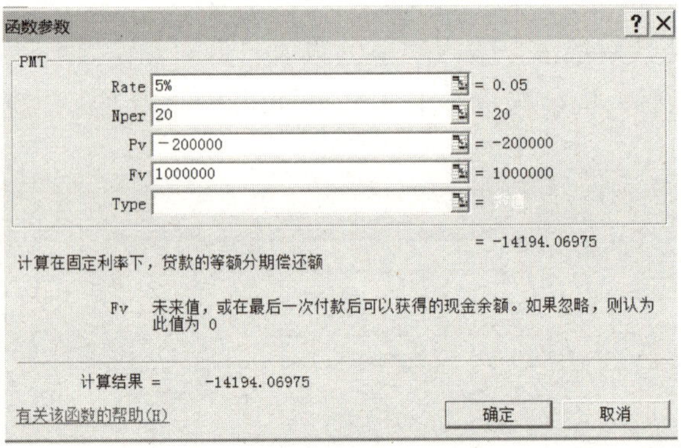

图 1-18 PMT 函数参数

未来 20 年，张先生每年年初还要投资多少钱到退休养老账户？（张先生的投资回报率为 5%）

经过计算，未来要有 100 万元可用（资金流入），当前投入 20 万元（资金流出）之外，还需每年年初投资 1.35 万元（资金流出）。

[例 1-9] 求 PV 张先生的退休养老计划

张先生现 40 岁，他希望 60 岁退休，退休时能积累 100 万元资金供退休养老使用。张先生打算在未来 20 年，每年年末投资 2 万元到退休养老账户，要想实现退休养老目标，张先生现在仍需一次性投资多少钱到退休养老账户？张先生的投资回报率为 5%。

利用 Excel 函数参数工具计算过程如图 1－19 和图 1－20 所示。

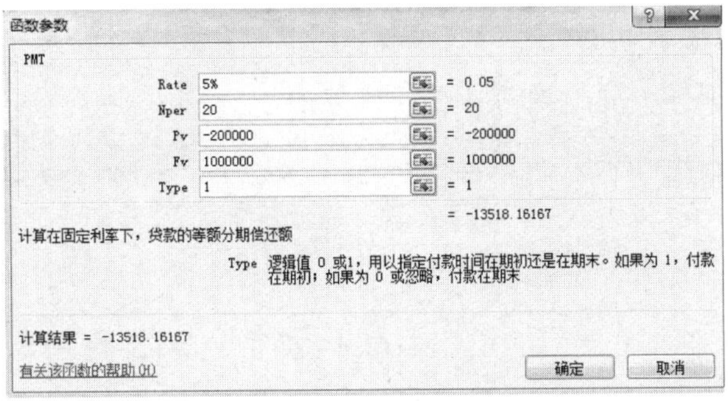

图 1－19　PMT 函数参数

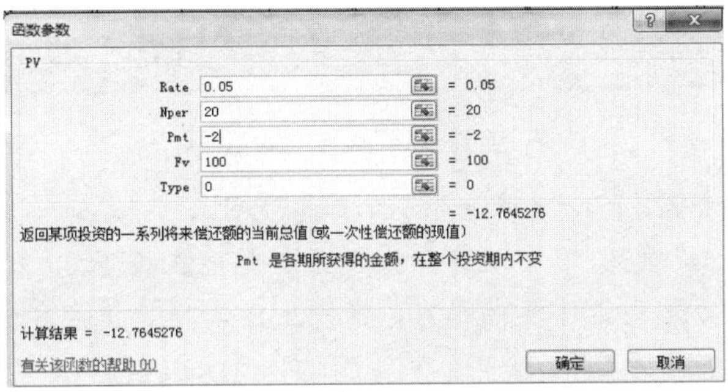

图 1－20　PV 函数参数

张先生现在仍需一次性投资 12.76 万元到退休养老账户。

张先生现 40 岁，他希望 60 岁退休，退休时能积累 100 万元资金供退休养老使用。张先生打算在未来 20 年，每年年初投资 2 万元到退休养老账户，要想实现退休养老目标，张先生现在仍需一次性投资多少钱到退休养老账户？张先生的投资回报率为 5%。

利用 Excel 函数工具计算，如图 1－21 所示。

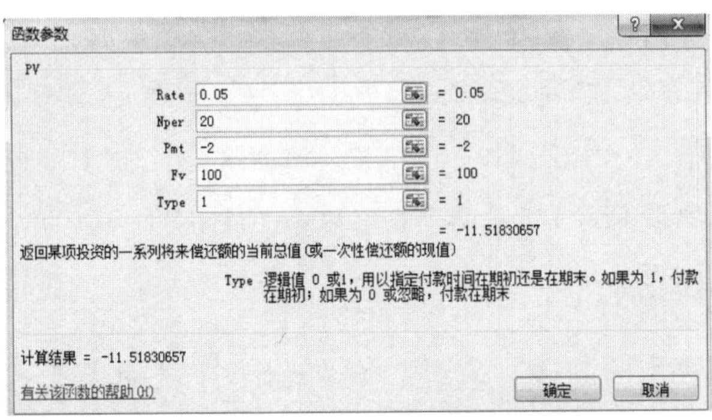

图 1－21　PV 函数参数

张先生现在仍需一次性投资 11.52 万元到退休养老账户。

［**例 1－10**］　求 FV 张先生的退休养老计划

张先生现40岁，他希望60岁退休，张先生打算现在投资20万元，同时在未来20年，每年年末投资2万元到退休养老账户，张先生退休时能积累多少资金供退休养老使用？张先生的投资回报率为5%。

利用Excel函数工具计算，如图1-22所示。

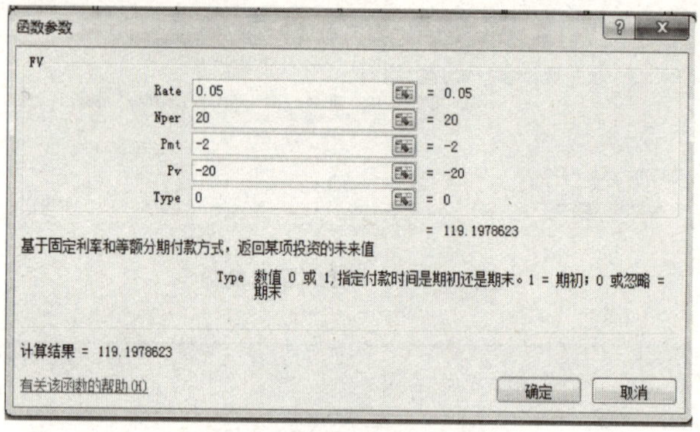

图1-22 FV函数参数

张先生退休时能积累119万元资金供退休养老使用。

张先生现40岁，他希望60岁退休，张先生打算现在投资20万元，同时在未来20年，每年年初投资2万元到退休养老账户，张先生退休时能积累多少资金供退休养老使用？张先生的投资回报率为5%。

利用Excel函数工具计算，如图1-23所示。

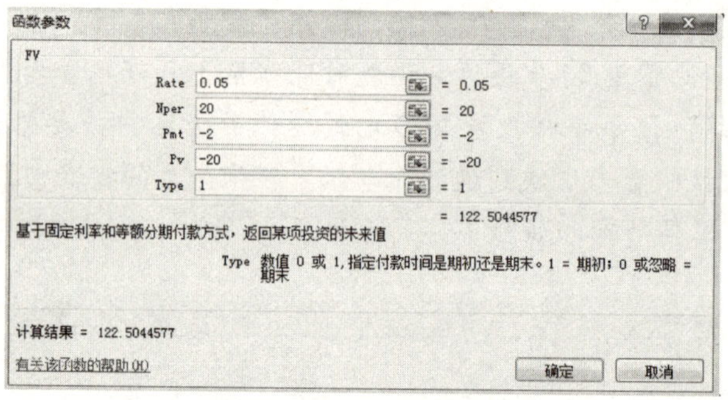

图1-23 FV函数参数

张先生退休时能积累122.5万元资金供退休养老使用。

2. 计算回报率（RATE）

[例1-11] 张先生现40岁，他希望60岁退休。张先生找到一家养老基金公司理财经理李先生，张先生告诉李先生他现在能一次性投资20万元，同时在未来20年，每年年末能投资2万元到退休养老账户。理财经理李先生对张先生的风险属性进行评测后，告诉张先生，20年后张先生退休时能大约能积累90万元资金供退休养老使用。请问张先生的投资回报率是多少？

利用 Excel 函数工具计算，如图 1－24 所示。

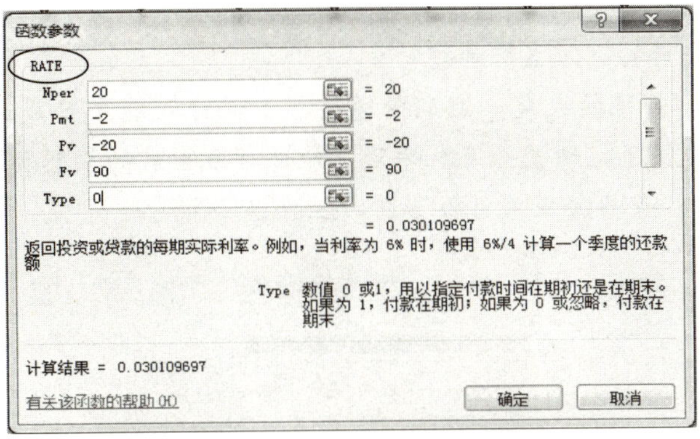

图 1－24　RATE 函数参数

张先生是一个保守的投资者，投资回报率约 3%。

例 1－3 中，安娜女士以 14.1%的利率代价提前获得 160 000 万元。（利用 Excel 函数工具计算，如图 1－25 所示。）

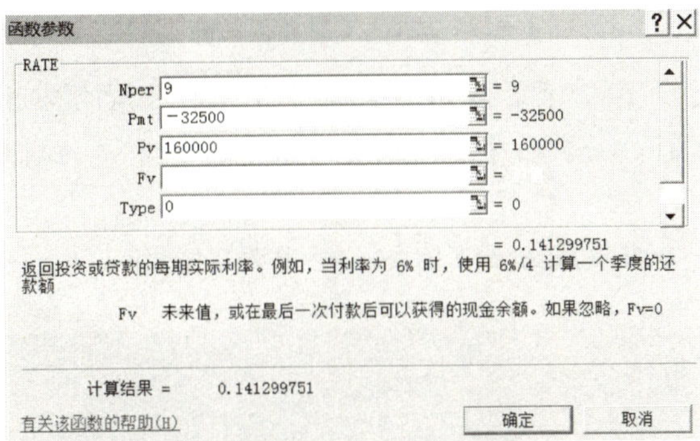

图 1－25　RATE 函数参数

雅典人寿保险公司的投资回报率是 7.65%。（利用 Excel 函数工具计算，如图 1－26 所示。）

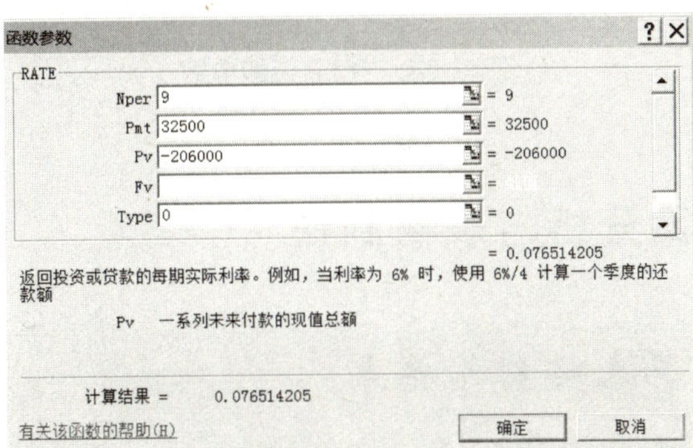

图 1－26　RATE 函数参数

（五）计算投资期数（NPER）

[例 1-12]　安娜的百万富翁梦想

安娜刚刚中了 10 万元的大奖，她期望通过投资的方式能早日成为百万富翁。安娜的年平均投资回报率约 10%，她想知道几年后，能让百万富翁的梦想实现？

由图 1-27 可见，安娜要成为百万富翁，至少要 24 年。

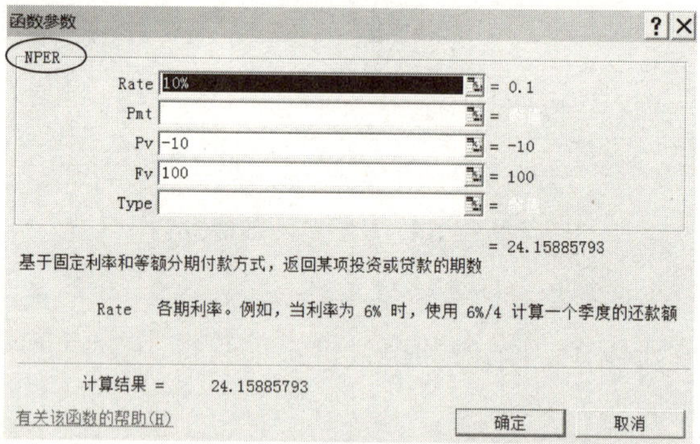

图 1-27　Excel 工具计算投资期数

如果安娜不仅投资了 10 万元，今后争取每年年末再投资 2 万元。她期望通过投资的方式能早日成为百万富翁。安娜的年平均投资回报率约 10%，她想知道几年后，能让百万富翁的梦想实现？

由图 1-28 可知，安娜要成为百万富翁，至少要 14.5 年。

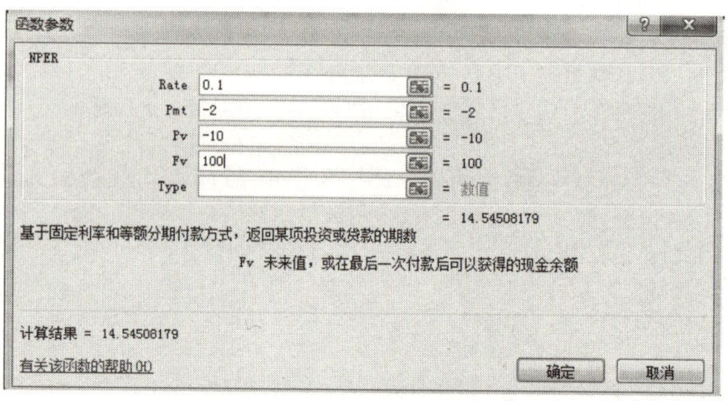

图 1-28　NPER 函数参数

五、理财方案分析与表格制作

（一）理财计算表格制作要点

无论是作为个人理财中的自己使用，还是作为理财规划专业人员提供给客户的文件，通常我们在理财计算表格中要注意如下几点：

1. 页面设置

为了便于转换为纸质版，先进行普通页面的设置，一般选用通用的 A4 纸的界面，所有相应的内容都在 A4 纸内得到体现，并使用打印预览确认文字有效内容是否在一页上（见图 1－29）。

图 1－29　页面设置

2. 引用

为了便于电子版的条件格式转换后的自动计算，我们需要使用电子表格中的绝对引用和相对引用来进行计算（见图 1－30）。

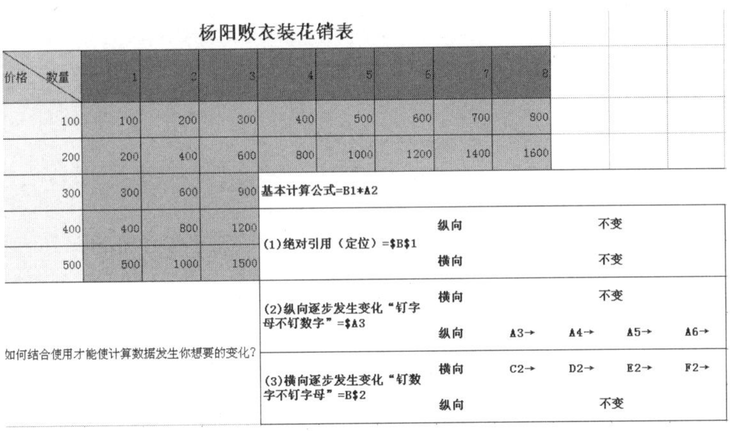

图 1－30　设置引用

3. 过程和结果

为了使表格直观地显示出简介和利率、年期、本金、本利和的给定条件，表格的内容设置应注意计算过程的体现。每一个 Excel 表格的计算结果或者分析结果应该进行突出的表示和标注（见图 1－31）。

某人拟建立一项理财年金，每年年初投入100,000元，若利率为10%，五年后该项资本本利和为多少元？		
100,000.00	pmt	
5	nper	
0.10	rate	
￥-671,561.00	FV（预付）	￥671,561.00
￥-610,510.00	FV（标准）	￥610,510.00

图 1-31 突出显示

（二）个案分析与表格制作

1. 抵押贷款还款表格的制作

目前我国抵押贷款常用的方式有两种，一种是递减式还款（等额本金）（见图 1-32）；另一种是等额式还款（等额本息）。

张先生的还款表格（递减式还款）

贷款年限		30	还款周期	月供
贷款月		360	贷款金额	800,000
贷款利率（年）		6.55%	月利率	0.005458333
年	月	月供	本金	利息
1	1	￥-6,588.89	￥-2,222.22	￥-4,366.67
	2	￥-6,576.76	￥-2,222.22	￥-4,354.54
	3	￥-6,564.63	￥-2,222.22	￥-4,342.41
	4	￥-6,552.50	￥-2,222.22	￥-4,330.28
	5	￥-6,540.37	￥-2,222.22	￥-4,318.15
	6	￥-6,528.24	￥-2,222.22	￥-4,306.02
	7	￥-6,516.11	￥-2,222.22	￥-4,293.89
	8	￥-6,503.98	￥-2,222.22	￥-4,281.76

图 1-32 递减式还款表格

2. 电子记账单的制作

电子记账单的样式，如图 1-33 所示。

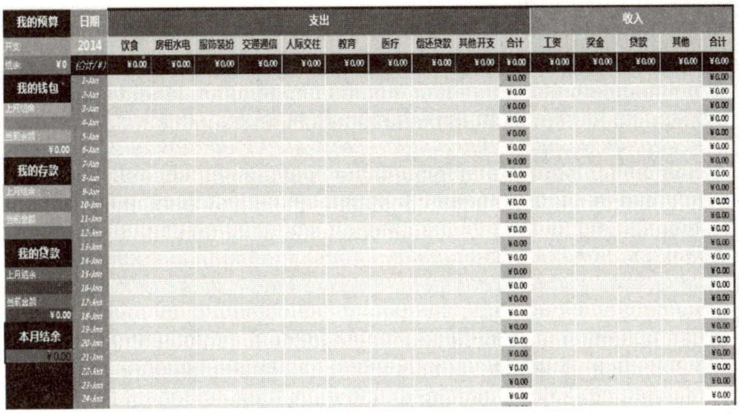

图 1－33　电子记账单样式

（三）比较分析

1. 付款（买家）的经济方案比较

付款的经济方案比较的关键点在于找到比较时点（一般是期初），然后将所要比较的各类付款方式的价值都计算成比较时点（期初）的数额之后再进行比较，选择方案金额最低的。

李女士现在要买房，面临两种付款方式，第一种付款方式是今后 10 年每年年末付款 5 万元；第二种付款方式是今后 5 年内每年年初付款 10 万元。假如投资利润率为 8%，哪种方式相对于她更合适?

比较原理解释，将李女士两种付款方式都换算成买房“现在”这一时点下的现值，然后进行比较。

请制作 Excel 表格。

2. 付款（卖家）的经济方案比较

付款的经济方案比较的关键点在于找到比较时点（一般是期初），然后将所要比较的各类收款方式的价值都计算成比较时点（期初）的数额之后再进行比较，选择方案金额最高的。

李女士现在要卖房，面临两种收款方式，第一种收款方式是先收首付 50 万元，今后 10 年的每年年末付款 10 万元；第二种方式是先收首付 100 万，今后 5 年内每年年初付款 10 万元。假如投资利润率为 8%的情况下，哪种方式相对于她更合适?

比较原理解释，将李女士两种收款方式都换算成买房“现在”这一时点下的现值，然后进行比较。

请制作 Excel 表格。

3. 一次性价格与分次报价之间的比较

可以将一次性价格换算成分次价格，再跟分次报价进行比较，买方选择较低的方案，卖方选择较高的方案；可以将分次价格换算成一次性报价，再跟分次报价进行比较，买方选择较低的方案，卖方选择较高的方案。

(1) 李女士现在要买房，面临两种付款方式，第一种是一次性付款150万；第二种付款方式是今后15年内每年年初付款10万元。假如投资利润率为8%的情况下，哪种方式相对于她更合适？

比较原理解释，将李女士一次性付款方式转换成为15次分次付款，然后与分期付款进行比较，或者将分次付款转换成买房“现在”这一时点下的现值与一次性付款价格进行比较。假如李女士是卖方，如何比较和选择？

请制作Excel表格。

(2) 张先生包租转租写字楼，十年租约内，按照市场形势估计，该楼预计能实现每年毛租金700万元，每年成本大约227万元，出租人所报的一次性租赁价格为3 500万。现在的转租赁市场的平均收益率大约为15%。张先生能接受这个报价吗？如果想实现盈利，张先生应该出价多少？

比较原理解释：张先生的10年内的收益应该转换为投资初始（现在）的一次性初始价值，再与卖家的要价进行比较。

请制作Excel表格。

(四) 资金缺口计算与弥补

在理财计算过程中，资金缺口的计算需要进行比较时点的确定，在比较时点上进行资金缺口的计算。

一个男孩今年11岁，在他5岁生日时，收到一份外祖父送的礼物，这份礼物是以利率为5%的复利计息的10年到期的5 000元债券。男孩父母计划在其19、20、21、22岁生日时，各用3 000元资助他的大学学习，为了实现这个计划，外祖父的礼物债券到期后，其父母将其重新投资，除了这笔投资外，其父母在孩子12至18岁生日时，每年还需进行多少投资才能完成其资助孩子的教育计划？（设所有将来的投资利润率均为6%）

情境二
理财投资工具

子情境一　基金投资

知识目标

1. 理解基金投资原理。
2. 熟悉我国的证券基金管理。

专业能力目标

1. 了解基金获利原理。
2. 熟知基金的投资渠道。

方法能力目标

1. 能建立基金档案。
2. 能向投资者推荐基金。

一、基金投资概述

（一）基金的概念

基金有广义和狭义之分，从广义上说，基金是机构投资者的统称，包括信托投资基金、单位信托基金、公积金、保险基金、退休基金，各种基金会的基金。在现有的证券市场上的基金，包括封闭式基金和开放式基金，具有收益性功能和增值潜能的特点。从会计角度透析，基金是一个狭义的概念，意指具有特定目的和用途的资金。因为政府和事业单位的出资者不要求投资回报和投资收回，但要求按法律规定或出资者的意愿把资金用在指定的用途上，从而形成了基金。

（二）证券投资基金的概念

我们现在所说的基金通常指证券投资基金。证券投资基金是指通过发售基金份额，将众多投资者的资金集中起来，形成独立资产，由基金托管人托管，基金管理人管理，以投资组合的方法进行证券投资的一种利益共享、风险共担的集合投资方式。

证券投资基金是一种间接的证券投资方式。基金管理公司通过发行基金单位，集中投资者的资金，由基金托管人托管（一般是信誉卓著的银行），由基金管理人（即基金管理公司）管理和运用资金，从事股票、债券等金融工具的投资。基金投资人享受证券投资的收益，也承担因投资亏损而产生的风险。我国的基金一般都是契约型基金，是一种信托投资方式。

二、证券投资基金的特点

与股票、债券、定期存款、外汇等投资工具一样，证券投资基金也为投资者提供了一种投资渠道。那么，与其他投资工具相比，证券投资基金具有哪些特点呢？

（一）集合理财

基金将众多投资者的资金集中起来，委托基金管理人进行共同投资，表现出一种集合理财的特点。通过汇集众多投资者的资金，积少成多，有利于发挥资金的规模优势，降低投资成本。基金由基金管理人进行投资管理和运作。基金管理人一般拥有大量的专业投资研究人员和强大的信息网络，能够更好地对证券市场进行全方位的动态跟踪与分析。将资金交给基金管理人管理，使中小投资者也能享受到专业化的投资管理服务。

（二）组合投资，分散风险

为降低投资风险，我国《证券投资基金法》规定，基金必须以组合投资的方式进行基金的投资运作，从而使“组合投资、分散风险”成为基金的一大特色。“组合投资、分散风险”的科学性已为现代投资学所证明，中小投资者由于资金量小，一般无法通过购买不同的股票分散投资风险。基金通常会购买几十种甚至上百种股票，投资者购买基金就相当于用很少的资金购买了一篮子股票，某些股票下跌造成的损失可以用其他股票上涨的盈利来弥补。因此可以充分享受组合投资、分散风险的好处。

（三）利益共享，风险共担

基金投资者是基金的所有者。基金投资人共担风险、共享收益。基金投资在扣除由基金承担的费用后的盈余全部归基金投资者所有，并依据各投资者所持有的基金份额比例进行分配。为基金提供服务的基金托管人、基金管理人只能按规定收取一定的托管费、管理费，并不参与基金收益的分配。

（四）严格监管，信息透明

为切实保护投资者的利益，增强投资者对基金投资的信心，中国证监会对基金业实行比较严格的监管，对各种有损投资者利益的行为进行严厉打击，并强制基金进行较为充分的信息披露。在这种情况下，严格监管与信息透明就成为基金的一个显著特点。

（五）独立托管，保障安全

基金管理人负责基金的投资操作，本身并不经手基金财产的保管。基金财产的保管由独立于基金管理人的基金托管人负责。这种相互制约、相互监督的制衡机制对投资者的利益提供了重要保护。

三、证券投资基金的类别与获利机制

（一）证券投资基金的类别

1. 根据基金单位是否可增加或赎回分类

根据基金单位是否可以增加或赎回，证券投资基金可分为开放式基金和封闭式基金。开放式基金不上市交易，一般通过银行申购和赎回，基金规模不固定；封闭式基金有固定的存续期，期间基金规模固定，一般在证券交易场所上市交易，投资者通过二级市场买卖基金单位。

（1）开放式基金（LOF）。

开放式基金英文全称是“Listed Open-Ended Fund”或“open-end funds”，直译为“上市型开放式基金”，在国外又称共同基金。即上市型开放式基金发行结束后，投资者既可以在指定网点申购与赎回基金份额，也可以在交易所买卖该基金。不过投资者如果是在指定网点申购的基金份额，想要上网抛出，须办理一定的转托管手续；同样，如果是在交易所网上买进的基金份额，想要在指定网点赎回，也要办理一定的转托管手续。

1）开放式基金的发行额可变，基金份额（单位）总数可随时增减，投资者可以随时根据市场供求情况发行新份额或由投资人赎回，可按基金的报价在基金管理人指定的营业场所申购或赎回。与封闭式基金相比，开放式基金具有发行数量没有限制、买卖价格以资产净值为准、在柜台上买卖和风险相对较小等特点，特别适合中小投资者进行投资。

2）开放式基金不上市交易，一般通过银行申购和赎回，基金规模不固定，基金单位可随时向投资者出售，也可应投资者要求买回；封闭式基金有固定的存续期，期间基金规模固定，一般在证券交易场所上市交易，投资者通过二级市场买卖基金单位。封闭式基金在一段时间内不允许再接受新的入股以及提出股份，直到新一轮的开放，开放的时候可以决定你提出多少或者再投入多少，新人也可以在这个时候入股。一般开放时间是1周，而封闭时间是1年。

3）开放式基金必须保留一部分现金，以便投资者随时赎回，而不能尽数地用于长期投资。一般应投资变现能力强的基金。

（2）封闭式基金。

封闭式基金属于信托基金，是指基金规模在发行前已确定，在发行完毕后的规定期限内固定不变并在证券市场上交易的投资基金。

由于封闭式基金在证券交易所的交易采取竞价的方式，因此交易价格受到市场供求关系的影响而并不必然反映基金的净资产值，即相对其净资产值，封闭式基金的交易价格有溢价、折价现象。国外封闭式基金的实践显示其交易价格往往存在先溢价、后折价的价格波动规律。从我国封闭式基金的运行情况看，无论基本面状况如何变化，其交易价格走势始终未脱离先溢价、后折价的价格波动规律。由于封闭式基金不能随时被赎回，其募集到的资金可全部用于投资，这样基金管理公司便可据此制定长期投资策略，取得长期经营绩效。

2. 根据组织形态不同分类

此外，根据组织形态不同，证券投资基金还可分为公司型基金和契约型基金。其中通过发行基金股份成立投资基金公司设立的基金称为公司型基金；由基金管理人、基金托管人和投资人三方通过基金契约设立的基金称为契约型基金。目前我国的证券投资基金均为契约型基金。

（二）证券投资基金的获利机制

1. 差价

根据基金竞争增长，赚取扣除了交易费用之后的差价获利。

2. 分红

基金的分红是指将基金的收益的一部分以现金方式派分给基金投资人。分红资金来源于现有基金产生的现金收益。分红资金无论是来自于基金资产配置中的股票、债券还是现金，这种方式都会导致基金投资总规模受到一定的影响。

3. 拆分

某只基金运行一段时间之后，该基金单位净值可能高于1元，这时可以将其净值恢复1元，但按照现有单位净值和初始净值的比例基金份额的增加，这样在投资人资产总值不变的情况下，持有人对这只基金的总份额增加了。基金拆分不会影响一只基金的总规模。

四、基金档案的建立

打开“天天基金网”http://fund.eastmoney.com（见图 2-1）。在“基金净值”中，你会看到开放式基金净值、货币型基金净值、理财型基金收益、分级基金净值和场内交易基金净值几大类（见图 2-2）。在开放式基金净值栏目下，分别有股票型、混合型、债券型、指数型、ETF 联接、QDII 和 LOF 七大类。

图 2-1　天天基金网

图 2-2　开放式基金净值

当你自己要建立一个备选投资的基金库时，如何从这么多只开放式基金中进行选择呢？在此，可以利用天天基金的“自选基金”进行收藏、筛选和比较，但是作为投资顾问，当你要帮助顾客选择基金时，做一张“基金档案”更能直观显示基金的投资基本特性，见表 2-1。

表 2-1　基金档案

<table>
<tr><td>基金名称</td><td></td><td>基金类别</td><td></td><td>基金编号</td><td></td></tr>
<tr><td>基金管理人</td><td colspan="2"></td><td>基金托管人</td><td colspan="2">商业银行</td></tr>
<tr><td>基金经理及业绩评价</td><td colspan="2"></td><td rowspan="2">基金代销人
（三家）</td><td colspan="2"></td></tr>
<tr><td>基金历史</td><td colspan="2"></td><td colspan="2"></td></tr>
<tr><td>当日基金净值</td><td colspan="3"></td><td colspan="2"></td></tr>
<tr><td>四个季度报告中股票/债券等持仓明细及变化综合评价</td><td colspan="5"></td></tr>
<tr><td>分红、拆分等业绩综述</td><td colspan="5"></td></tr>
<tr><td>价值成长策略（价值/成长）</td><td colspan="5"></td></tr>
<tr><td>适用人群</td><td colspan="5"></td></tr>
<tr><td>评价（可参考权威基金评级）</td><td colspan="5"></td></tr>
</table>

五、基金投资类别

（一）股票基金

股票基金是以股票为投资对象的投资基金，是投资基金的主要种类。股票基金的主要功能是将大众投资者的小额投资集中为大额资金，投资于不同的股票组合，是股票市场的主要机构投资者。

1. 股票基金的分类

（1）股票基金按投资对象可分为优先股基金和普通股基金。优先股基金可获取稳定收益，风险较小，收益分配主要是股利；普通股基金是目前数量最大的一种基金，该基金以追求资本利得和长期资本增值为目的，风险较优先股基金大。

（2）按基金投资分散化程度可将股票基金分为一般普通股基金和专门化基金，前者是指将基金资产分散投资于各类普通股票上，后者是指将基金资产投资于某些特殊行业股票上，风险较大，但可能具有较好的潜在收益。

（3）按基金投资目的可将股票基金分为资本增值型基金、成长型基金及收入型基金。资本增值型基金投资的主要目的是追求资本快速增长，以此带来资本增值，该类基金风险高、收益也高。成长型基金常投资于那些具有成长潜力并能带来收入的普通股票，具有一定的风险。收入型基金常投资于具有稳定发展前景的公司所发行的股票，追求稳定的股利分配和资本利得，这类基金风险小，收入也不高。

2. 股票基金的特点

（1）与其他基金相比，股票基金的投资对象具有多样性，投资目的也具有多样性。

（2）与投资者直接投资于股票市场相比，股票基金具有分散风险、费用较低等特点。对一般投资者而言，个人资本毕竟有限，难以通过分散投资种类降低投资风险。但若投资股票基金，投资者不仅可以分享各类股票的收益，而且也可以通过投资股票基金将风险分散于各类股票上，大大降低了投资风险。此外，投资者投资了股票基金，还可以享受基金大额投资在成本上的相对优势，降低投资成本，提高投资效益，获得规模效益的好处。

（3）从资产流动性来看，股票基金具有流动性强、变现性高的特点。股票基金的投资对象是流动性极好的股票，基金资产质量高、变现容易。

（4）对投资者来说，股票基金经营稳定、收益可观。一般来说，股票基金的风险比股票投资的风险低，因而收益较稳定。不仅如此，封闭式股票基金上市后，投资者还可以通过在交易所交易获得买卖差价。基金期满后，投资者享有分配剩余资产的权利。

（5）股票基金具有在国际市场上融资的功能和特点。就股票市场而言，其资本的国际化程度较外汇市场和债券市场低。一般来说，各国的股票基本上在本国市场上交易，股票投资者也只能投资于本国上市的股票或在当地上市的少数外国公司的股票。在国外，股票基金则突破了这一限制，投资者可以通过购买股票基金，投资其他国家或地区的股票市场，对证券市场的国际化具有积极的推动作用。从海外股票市场的现状来看，股票基金投资对象有很大一部分是外国公司股票。

（二）货币市场基金

货币市场基金是投资于货币市场上的短期有价证券的一种基金。该基金资产主要投资于短期货币工具，如国库券、商业票据、银行定期存单、政府短期债券、企业债券等短期有价证券。

货币市场基金与传统的基金相比具有以下特点：

（1）货币市场基金与其他投资于股票的基金最主要的不同在于基金单位的资产净值是固定不变的，通常是每个基金单位 1 元。投资该基金后，投资者可利用收益再投资，投资收益就不断累积，从而增加投资者所拥有的基金份额。比如某投资者以 100 元投资于某货币市场基金，可拥有 100 个基金单位，1 年后，若投资报酬是 8%，那么该投资者就多了 8 个基金单位，总共 108 个基金单位，价值 108 元。

（2）衡量货币市场基金表现好坏的标准是收益率，这与其他基金以净资产价值增值获利不同。

（3）流动性好，资本安全性高。这些特点主要源于货币市场是一个低风险、流动性高的市场。同时，投资者可以不受到期日限制，随时可根据需要转让基金单位。

（4）风险性低。货币市场工具的到期日通常很短，货币市场基金投资组合的平均期限一般为 4～6 个月，因此风险较低，其价格通常只受市场利率影响。

（5）投资成本低。货币市场基金通常不收取赎回费用，并且管理费用也较低，货币市场基金的年管理费用大约为基金资产净值的 0.25%～1%，比传统的基金年管理费率1%～2.5%低。

（6）货币市场基金均为开放式基金。货币市场基金通常被视为无风险或低风险投资工具，适合资本短期投资生息以备不时之需，特别是在利率高、通货膨胀率高、证券流动性下降、可信度降低时，可使本金免遭损失。

（三）债券基金

债券基金是以债券为主要投资标的的共同基金，除了债券之外，尚可投资于金融债券、债券附买回、定存、短期票券等，绝大多数以开放式基金形态发行，并采取不分配收益方式，合法节税。目前国内大部分债券基金都属于收益型债券基金，以获取稳定的利息为主，因此，收益普遍呈现稳定成长。

1. 交易费用

债券基金的买卖方式与股票基金类似，但在费用上有所差别。

一般来说，债券基金不收取认购或申购费用，而赎回费率也较低，如某债券基金规定，持有期限在 30 日内，收取 0.1%的赎回费；持有期限超过 30 日，免收赎回费。

2. 债券基金的特点

（1）低风险，低收益。相对于股票基金，债券基金风险低但回报率也不高。

（2）费用较低。因为债券投资管理不如股票投资管理复杂，所以债券基金的管理费也相对较低。

（3）收益稳定。投资债券定期都有利息回报，到期还承诺还本付息，因此债券基金的收益较为稳定。

（4）注重当期收益。债券基金主要追求当期较为固定的收入，相对于股票基金而言缺乏增值潜力，较适合于不愿过多冒险，谋求当期稳定收益的投资者。

（四）指数基金

指数基金是一种按照证券价格指数编制原理构建投资组合进行证券投资的一种基金。从理论上来讲，指数基金的运作方法简单，只要根据每一种证券在指数中所占的比例购买相应比例的证券，长期持有就可以。

对于一种纯粹的被动管理式指数基金，其周转率及交易费用都比较低，管理费也趋于最小。这种基金不会对某些特定的证券或行业投入过量资金。它一般会保持全额投资而不进行市场投机。当然，不是所有的指数基金都严格符合这些特点。具有指数性质的不同基金也会采取不同的投资策略。目前的指数基金有兴和、普丰、天元三只指数基金，即有指数基金特点的“优化指数型基金”。

六、购买基金

（一）开户

1. 证券交易账户的基金交易账户

下面的开户程序以深交所的开户过程为例，包括开放式基金和封闭式基金的开户方法。投资者通过深交所交易系统认购、买入或卖出上市开放式基金须使用深圳 A 股账户或深圳证券投资基金账户（以下简称“深圳证券账户”）。投资者可通过中国结算公司深圳分公司的开户代理机构（如证券公司）申请开立深圳证券账户。

投资者通过基金管理人或其代销机构认购、申购或赎回上市开放式基金须使用深圳开放式基金账户。投资者可持深圳证券账户到基金管理人或其代销机构处申请注册深圳开放式基金账户。如果投资者没有深圳证券账户，可以向基金管理人或其代销机构申请配发深圳证券账户，并自动注册为深圳开放式基金账户。对于配发的深圳证券账户，投资者可持基金管理人或其代销机构提供的账户打印凭条，到中国结算公司深圳分公司的开户代理机构打印深圳证券账户卡。

2. 第三方支付平台开户

支付宝、财付通、新浪微博等个人实名制的第三方支付平台可以直接开通其基金账户。

3. 基金代销网站与 APP 开户

在取得独立代销人资格的天天基金、晨星基金等独立的代销机构可以开通个人实名的基金账户。

（二）购买方式

1. 柜台购买

在直销和代销人柜台购买基金，这是传统的购买方式。

2. 网络购买

通过基金公司网站、代销人网站、证券公司终端软件、网络银行购买基金。这种购买方式虽然在操作和资金到账时间上依然要遵守证券交易时间的规定，但是较为快捷，且能反映出基金账户的所有盈亏和费用扣取明细。

（三）购买开放式基金

1. 准备过程

投资人在购买基金前，需要认真阅读有关基金的招募说明书、基金契约及开户程序、交易规则等文件，各基金销售网点应备有上述文件，以备投资人随时查阅。

个人投资者要携带代理行借记卡，有效身份证件（身份证、军人证或武警证），机构投资者则需要带上营业执照、机构代码证或登记注册证书原件，以及上述文件加盖公章的复印件、授权委托书、经办人身份证及复印件。

2. 柜面购买

在完成开户准备之后，投资者就可以自行选择时机购买基金了。个人投资者可以带上代理行的借记卡和基金交易卡，到代销网点柜台填写基金交易申请表格（机构投资者则要加盖预留印鉴），必须在购买当天的 15：00 点以前提交申请，由柜台受理，并领取基金业务回执。在办理基金业务两天之后，投资者可以到柜台打印业务确认书。

3. 柜面赎回

当投资者有意对手中的基金进行赎回时，可以携带银行借记卡和基金交易卡，在 15:00 点之前填写并提交交易申请单，在柜面受理后，投资者可以在 5 天后查询赎回资金是否到账。

4. 柜面撤回

交易投资者如果需要撤销交易，则可以在交易当天的15:00点之前，携带基金交易卡和银行借记卡，在柜面填写交易申请表格，注明撤销交易。如果在15:00点以后，部分银行可以按照当天牌价进行预约交易，第二个工作日进行实际交易。目前，几乎所有的银行和基金管理公司都支持在网上交易基金。

5. 基金分红

开放式基金的分红原则是：基金收益分配后每一基金份额净值不能低于面值；收益分配时所发生的银行转账费或其他手续费由投资人自行承担；在符合有关基金分红条件的前提下需规定基金收益每年分配的最多次数、每年基金收益分配的最低比例；基金投资当期出现净亏损则不进行收益分配；基金当年收益在弥补上一年度亏损后方可进行当年收益分配。

（四）购买封闭式基金

1. 封闭式基金的分配原则和分配方式

随着基金收益的增长，基金的单位资产净值会上升，基金会对其投资人进行收益分配。在封闭式基金中，投资者只能选择现金红利方式分红，因为封闭式基金的规模是固定的，不可以增加或减少。红利由深、沪证券交易所登记机构通过证券商直接划入投资者账户。

2. 买卖封闭式基金的办理手续

封闭式基金的基金单位像普通上市公司的股票一样在证券交易市场挂牌交易。因此，跟买卖股票一样，买卖封闭式基金的第一步就是到证券营业部开户，其中包括基金账户和资金账户（也就是所谓的保证金账户）。

如果以个人身份开户，必须带上你的有效身份证件；如果以公司身份开户，则必须带上公司的营业执照副本、法人证明书、法人授权委托书和经办人身份证。

在开始买卖封闭式基金之前，必须在已经与你所选定的证券商联网的银行存入现金，然后到证券营业部将存折里的钱转到你的保证金账户里。在这之后，可以通过证券营业部委托申报或通过无形报盘、电话委托申报买入和卖出基金单位。

必须注意的是，如果已有股票账户，就不需要另外再开立基金账户了，原有的股票账户可以用于买卖封闭式基金。但基金账户不可以用来买卖股票，只能用来买卖基金和国债。

3. 封闭式基金的定价和折价率

封闭式基金设立后，投资者持有的基金份额可以到证券交易所上市交易，但基金的规模不再变动，所以称之为“封闭式”基金。也就是说，开放式基金的“份额买卖”是在投资者与发起这只基金产品的基金公司之间进行的，而封闭式基金的“份额买卖”是在投资者之间进行的。

封闭式基金的定价是在证券交易所即二级市场投资者的买卖过程中，根据供求关系形成的。封闭式基金的净值是根据基金的投资情况，按照基金总资产除以基金总份额算出的，是每一份基金份额实际代表的基金资产额。价格与净值不符是由供求关系决定的。

目前封闭式基金的价格大多低于净值，即主要是折价交易，而在封闭式基金成立之初也曾出现过溢价交易的情况。开放式基金的申购和赎回是根据净值计算的，而封闭式基金由于是投资者之间的买卖，所以价格受供求关系的影响。封闭式基金在二级市场上的交易价格低于实际净值的情况称为“折价”。

折价率＝(单位份额净值－单位市价)/单位份额净值

根据此公式，折价率大于 0（即净值大于市价）时为折价；折价率小于 0（即净值小于市价）时为溢价。除了投资目标和管理水平外，折价率也是评估封闭式基金的一个重要因素。

受规模、流动性等因素影响，封闭式基金普遍存在折价的情况。高折价率是目前引发投资的重要因素。

例如，某一封闭式基金某日净值为 2.23 元，当天的收盘价为 1.76 元，那么，这只基金的折价值就是：

2.23－1.76＝0.47(元)

折价率就是：

(2.23－1.76)/2.23＝21.08%

以后封转开的时候就算这只基金不涨也不跌，也能获得 21%的收益。

4. 封闭式基金上市交易的特点

(1) 基金单位的买卖委托采用“公开、公平、公正”和“价格优先、时间优先”的原则。
(2) 基金交易委托以标准手数为单位进行。
(3) 基金单位的交易价格以基金单位资产净值为基础，受市场供求关系的影响而波动。
(4) 在证券市场营业厅可以随时委托买卖基金单位。

(五) 基金定投

定投是定期、定额投资的简称，基金定投是指在固定的时间（如每月 8 日）以固定的金额（如 500 元）投资到指定的开放式基金中，类似于银行的零存整取。

1. 基金定投的特点

(1) 平均成本、分散风险。

普通投资者很难适时掌握正确的投资时点，常常可能是在市场高点买入，在市场低点卖出。而采用基金定投方式，不论市场行情如何波动，每个月固定一天定额投资基金，由银行自动扣款，自动依基金净值计算可买到的基金份额数，这样投资者购买基金的资金是按期投入的，投资的成本也比较平均。

例如，若您每隔两个月投资100元于某只开放式基金，1年下来共投资6次，总金额为600元，每次投资时基金的申购价格分别为1元、0.95元、0.90元、0.92元、1.05元和1.1元，您每次可购得的份额数则分别为100份、105.3份、111.1份、108.7份、95.2份和90.9份，累计份额数为611.2份，平均成本为600÷611.2=0.982（元），而投资报酬率则为（1.1×611.2−600）÷600=12.05%，比起一开始即以1元的申购价格投资600元的投资报酬率10%为佳。

（2）适合长期投资。

由于定期、定额是分批进场投资，当股市在盘整或是下跌的时候，由于定期定额是分批承接，因此反而可以越买越便宜，股市回升后的投资报酬率也胜过单笔投资。对于我国股市而言，长期看应是震荡上升的趋势，因此定期定额非常适合长期投资理财计划。

摩根富林明投顾公司对台湾地区投资者的调研结果显示，约有30%的投资者选择定期、定额投资基金的方式。尤其是在31～40岁这个群体中，有高达36%的人从事这项投资。投资者对投资工具的满意度调查显示，买卖台湾股票的投资者的满意度为39.5%，单笔购买台湾基金者的满意度达55%，单笔投资海外基金者的满意度达52.5%，而定期定额投资基金者的满意度则高达53.2%，这进一步说明投资者对波动性较低、追求中长线稳定增值的投资标的较为青睐。

（3）更适合投资新兴市场和小型股票基金。

中长期定期、定额投资绩效波动性较大的新兴市场或者小型股票型海外基金，由于股市回调时间一般较长而且速度较慢，但上涨时的股市上涨速度较快，因此投资者往往可以在股市下跌时累积较多的基金份额，从而在股市回升时获取较佳的投资报酬率。

（4）自动扣款，手续简单。

定期、定额投资基金只需投资者去基金代销机构办理一次手续，此后每期的扣款申购均自动进行，一般以月为单位，但也有以半月、季度等其他时间限期作为定期单位的。相比而言，如果自己去购买基金，就需要投资者每次都亲自到代销机构办理手续。因此定期、定额投资基金也被称为"懒人理财术"，充分体现了其便利的特点。

2. 基金定投的优点

（1）定期投资，积少成多。投资者可能每隔一段时间都会有一些闲散资金，通过定期、定额投资计划购买标的进行投资增值可以"聚沙成丘"，在不知不觉中积攒一笔不小的财富。

（2）不用考虑投资时点。投资的要诀就是"低买高卖"，但却很少有人在投资时可以掌握到最佳的买卖点获利，为避免这种人为的主观判断失误，投资者可通过"定投计划"来投资市场，不必在乎进场时点，不必在意市场价格，无需为其短期波动而改变长期投资决策。

（3）平均投资，分散风险。资金是分期投入的，投资的成本有高有低，长期平均下来比较低，所以最大限度地分散了投资风险。

（4）复利效果，长期可观。“定投计划”收益为复利效应，本金所产生的利息加入本金继续衍生收益，通过利滚利的效果，随着时间的推移，复利效果非常明显。定投的复利效果需要较长时间才能充分展现，因此不宜因市场短线波动而随便终止。只要长线前景佳，市场短期下跌反而是累积更多便宜单位数的时机，一旦市场反弹，长期累积的单位数就可以一次获利。

3. 基金定投的原则

（1）设定理财目标。每个月可以定时扣款额度，净值高时买进的份额数少，净值低时买进的份额数多，这样可分散进场时间。这种“平均成本法”最适合筹措退休基金或子女教育基金等。

（2）量力而行。定期定额投资一定要做得轻松、没负担，曾有客户为分散投资标的而决定每月扣款 50 000 元，但一段时间后却必须把定期存款取出来继续投资。建议投资者先分析一下自己每月的收支状况，计算出可固定省下来的闲置资金。

（3）选择有上升趋势的市场。超跌但基本面不错的市场最适合开始定期、定额投资，即目前市场虽处于低位，但只要看好未来长期发展，就可以考虑开始投资。

（4）投资期限决定投资对象。定期、定额长期投资的时间复利效果分散了股市多空、基金净值起伏的短期风险，只要能遵守长期扣款原则，选择波动幅度较大的基金其实更能提高收益，而且风险较高的基金的长期报酬率应该胜过风险较低的基金。如果较长期的理财目标是 5 年以上至 10 年、20 年，不妨选择波动较大的基金，而如果选择 5 年内的目标，还是选择绩效较平稳的基金为宜。

（5）持之以恒。长期投资是定期、定额积累财富最重要的原则，这种方式最好持续 3 年以上，才能得到好的效果，并且长期投资更能发挥定期、定额的复利效果。

（6）掌握解约时机。定期、定额投资的期限也要因市场情形而定，比如已经投资了 2 年，市场上升到了非常高的点位，并且分析之后行情可能将进入另一个空头循环，那么最好先行解约，赎回获利。如果您即将面临资金需求，例如退休年龄将至，就更要开始关注市场状况，确定解约时点。

（7）善用部分解约，适时转换基金。开始定期、定额投资后，若临时必须解约赎回或者市场处在高点位置，而自己对后市情况不是很确定，也不必完全解约，可赎回部分份额取得资金。若市场趋势改变，可转换到另一轮上升趋势的市场中，继续进行定期、定额投资。

（8）信任专家。开始定期、定额投资时不必过分在意短期涨跌和份额数累积状况，在必要的时候可以咨询专家的意见。

4. 基金定投适合的投资人群

（1）年轻的月光族。由于基金定投具备投资和储蓄两大功能，可以在发工资后留下日常生活费，用部分剩余资金做定投，以“强迫”自己进行储蓄，培养良好的理财习惯。

（2）领固定薪水的上班族。大部分上班族薪资所得在应付日常生活开销后，结余金额往往不多，小额的定期定额投资方式最为适合。而且由于上班族大多并不具备较高的投资水平，无法准确判断进出场的时机，所以通过基金定投这种工具，可稳步实现资产增值。

（3）在未来某一时点有特殊（或较大）资金需求的人。例如三年后须付购房首付款、二十年后须支出子女出国留学费用，或者积攒三十年后自己的退休养老基金等。在已知未来将有大额资金需求时，提早以定期小额投资方式来筹集，不但不会造成自己日常经济上的负担，更能让每月的小钱在未来轻松演变成大钱。

（4）不喜欢承担过大投资风险者。由于定期、定额投资有投资成本加权平均的优点，能有效降低整体投资成本，使得价格波动的风险下降，进而稳步获利，是不喜欢承担过大投资风险者的最佳选择工具。

5. 基金定投的时机选择

基金固然是小额投资人参与股市获利的最佳方式，但不是每只基金都适合定期定额投资，选对投资目标才能创造优异的回报。

首先，债券型基金等固定收益工具不太适合用定期、定额的方式投资，建议定期、定额首先考虑股票型基金。

其次，定期、定额投资时要选择处于上升趋势的市场。超跌但前景不错的市场最适合开始定期、定额投资，投入景气循环向上、现阶段在底部盘整的市场，避免追高是创造获利与本金安全的不二法则。因此只要长线前景看好，短期处于空头行情的市场最值得开始定期、定额投资。

6. 定投金额的确定

定投金额因人而异，根据具体情况判断。一般情况下，每月发放工资除掉必要的开支后，剩余的资金可拿出40%～60%来做基金定投，毕竟基金定投属于长期投资，需要考虑和照顾到今后的收支情况。

7. 评估赎回时点很重要

定期、定额投资基金时确定赎回时点很重要。如果正好碰上市场重挫、基金净值大跌，那么之前耐心累积单位数的效果将大打折扣。

所以定期、定额投资应妥善规划，像累积退休基金这种长期资金，在退休年龄将至的前三年就应该开始注意赎回时机。即使只到投资期的一半，也要注意市场的成长状况并适时调整。例如原计划投资五年，扣款三年后发现市场已在高档，且行情将进入另一个空头循环，此时最好先获利了结，以免面临资金需求时，正好碰到市场空头的谷底期。

获利了结可善用部分赎回。开始定期、定额投资后，如果需临时解约兑现，或市场在高档，又无法判断后续走势，投资者不必一次赎回全部单位数，而是赎回部分单位取得资金，其他单位可以继续保留，等到趋势明朗再做决定。如果市场趋势改变，可转换到另一个处于上升趋势的市场继续定期、定额投资。

8. 基金定投的基金选择

选择波动较大还是较平稳的基金是定期、定额投资时必须考虑的问题。波动较大的基金比较有机会在净值下跌阶段累积较多的低成本份数，待市场反弹可以很快获利。不过如果在高点开始扣款，赎回时不幸碰上低点，那么即使定期、定额分散进场风险也无法提高获利。绩效平稳的基金波动小，一般不会碰到在低点赎回的问题，但是相对平均成本也不会降得太多，获利也相对有限。

七、投资基金的选择

（一）基金选择与投资目标的关系

1. 根据长、短期目标选择不同的基金

如为了筹措 30 万元子女留学基金，那么选择稳健型基金比较适合；但如果投资期间拉长，每月所需投资金额较低，则可以适度分配积极型与稳健型基金的投资比重，以获取更大的收益。

2. 依财务能力调整投资金额

随着就业时间拉长、收入提高，个人或家庭的可投资总金额也会随之提高。如果是定投，适时提高每月扣款额度也是一个缩短投资期间、提高投资效率的方式。

3. 达到预设目标后需重新考虑投资组合内容

虽然基金投资需要长时间才可以显现出最佳效益，但如果投资报酬在预设投资期间内已达成，那么不妨检视投资组合内容是否需要调整。简单而弹性的策略，能使你的投资更有效率，早日达成理财目标。

（二）基金的业绩比较标准

一般情况下，投资人会通过考察基金累计净值增长率、基金分红比率，以及将基金收益与大盘走势相比较、将本基金收益与其他同类型基金的收益相比较分析基金业绩。

1. 基金累计净值增长率

基金累计净值增长率＝(份额累计净值－单位面值)÷单位面值

例如，某基金目前的份额累计净值为 1.18 元，单位面值 1.00 元，则该基金的累计净值增长率为 18%。

2. 基金分红比率

基金分红比率＝基金分红累计金额÷基金面值

例如，某只基金自成立以来分红共计 9 次，每个份额的分红累计金额为 0.40 元，该基金面值为 2.28 元，该基金的分红比率为 17.5%。

基金分红的前提之一是必须有一定盈利，能实现分红甚至持续分红，可在一定程度上反映该基金运作较为理想。

3. 将基金收益与大盘走势相比较

如果一只基金大多数时间的业绩表现都比同期大盘指数好，那么可以说这只基金的管理是比较有效的，选择这只基金进行定期、定额投资，风险和收益都会达到一个比较理想的匹配状态。

4. 将本基金收益与其他同类型基金的收益相比较

一般来说，风险不同、类别不同的基金应区别对待，将不同类别基金的业绩直接进行比较的意义不大，但可作为一定的参考。

（三）基金评级概述

1. 基金评级

基金评级与股票评级不同，股票评级主要是通过判断股票未来的价格做出的，而基金评级主要是根据基金过去的业绩来做出的。

所谓基金评级，是指有资格的基金评级机构通过对基金信息的收集，加上科学的定性定量分析，依据一定的标准，对投资者投资于某一种基金后所需要承担的风险，以及能够获得的回报进行预期，并根据收益和风险预期对基金进行排序。

专业的基金评级机构会根据评级模型给各种基金进行评估，评估结果最高为五星，最低为一星，基金的星级评价能简洁、直观地反映出基金的综合情况。

目前我国主要有近十家基金评级机构，天相、晨星、中心、天天都是影响力比较大的基金评级机构。分析基金评级时要注意多方参考，仅参考一家或几家会产生的一定偏颇。

2. 基金经理评级

基金经理评级是对基金经理过往的投资管理能力、风险控制能力的综合化评价。基金经理评级结果表现出的延续性明显好于基金产品业绩的延续性，一定程度上反映了基金经理对所管理基金业绩的影响以及进行基金经理评级的意义。

3. 基金公司评级

基金公司评级主要是从基本实力、投资管理能力和稳定性三大方面进行的。基金公司的业绩和实力，在一定程度上影响了基金经理的稳定性。

学习任务

【任务背景】

基金是一种大众化的信托投资工具，这种投资工具由基金管理公司或其他发起人发起，通过向投资者发行受益凭证，将大众手中的零散资金集中起来，委托具有专业知识和投资经验的专家进行管理和运作，由信誉良好的金融机构充当所募集资金的信托人或托管人。基金经理人通过多元化的投资组合，将基金投资于股票、债券、可转换证券等各种金融工具，努力降低投资风险，谋求资本长期、稳定的增值。投资者按出资比例分享投资收益与承担投资风险。

任务 1　熟悉基金投资市场

【任务内容】

1. 通过浏览、搜索、查阅国内外各大基金公司（含中外合资基金管理公司）的网页，掌握证券投资基金的基本知识；熟悉各基金管理公司的网站界面和特色；知道如何搜寻所需要的资料。

2. 了解我国现有开放式、封闭式基金的运作情况。

3. 了解基金交易软件的操作界面，知道如何进行基金买卖委托交易及账户管理，熟悉基本操作流程。

推荐以下网站：

http://www.gtja.com/i/　　http://www.bosera.com/index.html

http://www.fullgoal.com.cn/　　http://www.cmfchina.com/

4. 每人独立完成。

任务 2　建立基金档案

【任务内容】

1. 完成十只基金档案的建立和收集并提交电子版作业，模拟开立账户，在作业中以截图形式呈现。

2. 基金档案内容用语言归纳后填写到表格中，不允许使用截图进行填表。

3. 每人独立完成。

任务 3　推荐投资基金

【任务内容】

1. 完成一只到三只的基金推荐（PPT 展示），每人均上交 PPT。

2. 先在小组内进行优选，然后每个小组推荐一名代表在全班进行基金推荐演示，并完整、正确地回答老师和同学提出的关于基金投资的问题。

子情境二 黄金投资

知识目标

1. 理解贵金属以及黄金市场投资和获利原理。
2. 掌握黄金投资的基本概念与方式。

专业能力目标

1. 了解黄金投资的渠道。
2. 了解个人黄金投资的流程。

方法能力目标

1. 能熟知并介绍黄金投资渠道。
2. 能使用黄金投资软件。

一、黄金概述

（一）黄金的概念

金，又称为黄金，化学元素符号为 Au，是一种带有黄色光泽的金属。黄金具有良好的物理属性、稳定的化学性质、高度的延展性及数量稀少等特点，不仅是用于储备和投资的特殊通货，同时又是首饰业、电子业、现代通信、航天航空业等领域的重要材料。在 20 世纪 70 年代前还是世界货币，目前依然在各国的国际储备中占有一席之地，是一种同时具有货币属性、商品属性和金融属性的特殊商品。

黄金的用途：国家货币的储备金、个人资产投资和保值的工具、美化生活的特殊材料、工业和医疗领域的原材料。

随着收藏市场的逐步成熟，黄金市场已逐步推出黄金远期、黄金期货乃至黄金期权等。

（二）黄金的属性

黄金是人类最早发现并利用的金属，人类很早就能从自然界拣拾到这种反射着黄色光彩的单质金属。距今 10 000 年以前黄金就已经被人类发现并利用，人类发现并利用黄金的历史，要比我们现在所熟悉的铜、铁、铝等众多常见金属要早几千年。黄金之所以被人类最早认识，是由黄金的特殊物理性质决定的，黄金在自然界可以以单质形态存在，而其他金属则往往以化合物的形态存在。

黄金在阳光照耀下可发出高贵的灿烂的黄色光泽，黄金在拉丁文中的意思是“曙光”，在古埃及文字中的意思是“可以触摸的太阳”。

黄金因为极其稀有而十分珍贵，黄金开采成本非常高，诸多物理特性非常好，具有极好的稳定性便于长期保存，这些特点使得黄金得到了人类社会的格外青睐，成为了人类社会复杂机理的一个重要组成部分。

黄金的物理特性：黄金是一种带有黄色光泽的贵金属，是金属王国中最珍贵、最罕有的金属之一。在门捷列夫周期表中黄金的原子序数为79，黄金具有很好的化学稳定性，在金属市场上黄金与钌、铑、钯、锇、铱、铂、银等金属统称为贵金属。黄金的熔点高，达1 064.43摄氏度，“真金不怕火炼”就是指一般火焰下黄金不容易熔化；密度大，为19.31克/立方厘米，手感沉甸，直径仅为46毫米的纯金球，其重量就达1 000克；韧性和延展性好，1盎司黄金可以拉成50里长的金丝，黄金可碾成厚度为0.001毫米透绿色的金箔，其延展性令它易于铸造，是制造首饰的佳选；黄金是热和电的良导体，但不如铂、汞、铅、银四种金属的导电性强；黄金抗氧化能力非常强，单质黄金的物理稳定性非常好，所以自然界存在黄金单质；黄金易被磨成粉状，这也是金在自然界中呈分散状的原因，纯金首饰也易被磨损而减少分量。

纯黄金能够反射出艳丽的黄色，入其他金属后颜色变化较大，如金铜合金呈暗红色，含银合金呈浅黄色或灰白色。黄金被熔化时发出的蒸汽是绿色的。黄金在冶炼过程中，其金粉通常呈咖啡色。若将黄金打造成薄薄的金箔，对着光亮处看其呈绿色。

二、黄金市场

（一）国际黄金市场

1. 伦敦黄金市场

伦敦黄金市场历史悠久，其发展历史最早可追溯到300多年前。1804年，伦敦取代荷兰阿姆斯特丹成为世界黄金交易的中心，1919年伦敦金市正式成立，每天进行上午和下午两次黄金定价。由五大金行定出当日的黄金市场价格，该价格一直影响纽约和中国香港的交易。市场黄金的供应者主要是南非。1982年以前，伦敦黄金市场主要经营黄金现货交易，1982年4月，伦敦黄金期货市场开业。目前，伦敦仍是世界上最大的黄金市场。

伦敦黄金市场的特点之一是交易制度比较特别，因为伦敦没有实际的交易场所，其交易是通过各大金商的销售网络完成的。交易会员由最具权威的五大金商及一些公认的有资格向五大金商购买黄金的公司或商店组成，然后由各个加工制造商、中小商店和公司等连锁组成。交易时由金商根据各自的买盘和卖盘，报出买价和卖价。

伦敦黄金市场的另一特点是交易的灵活性很强。黄金的纯度、重量等都可以选择，若客户要求在较远的地区交售，金商也会报出运费及保费等，也可按客户要求报出期货价格。最通行的买卖伦敦金的方式是客户可无须现金交收，即可买入黄金现货，到期只需按约定利率支付利息即可，但此时客户不能获取实物黄金。这种黄金买卖方式，只是在会计账上进行数字游戏，直到客户进行了相反的操作平仓为止。

伦敦黄金市场特殊的交易体系也有若干不足。首先，由于各个金商报的价格都是实价，有时市场上黄金价格比较混乱，连金商也不知道哪个价位的金价是合理的，只好停止报价，伦敦金的买卖便会停止；其次，伦敦市场对客户信息绝对保密，因此缺乏有效的黄金交易头寸的统计。

2. 苏黎世黄金市场

苏黎世黄金市场是第二次世界大战后发展起来的国际黄金市场。瑞士特殊的银行体系和辅助性的黄金交易服务体系，为黄金买卖提供了一个既自由又保密的环境，加上瑞士与南非也有优惠协议——可获得80%的南非金，以及苏联的黄金也聚集于此，使得瑞士成为了世界上新增黄金的最大中转站和世界上最大的私人黄金的存储中心。苏黎世黄金市场在国际黄金市场上的地位仅次于伦敦黄金市场。

苏黎世黄金市场没有正式的组织结构，由瑞士三大银行：瑞士银行、瑞士信贷银行和瑞士联合银行负责清算结账、三大银行不仅可为客户代行交易，而且黄金交易也是这三家银行的主要业务。苏黎世黄金总库（Zurich Gold Pool）建立在瑞士三大银行非正式协商的基础上，不受政府管辖，作为交易商联合体与清算系统混合体在市场上起中介作用。

苏黎世黄金市场无金价定盘制度，在每个交易日任一特定时间，根据供需状况议定当日交易金价，这一价格为苏黎世黄金官价。全日金价在此基础上的波动不受涨跌停板限制。

3. 美国黄金市场

纽约和芝加哥黄金市场是20世纪70年代中期发展起来的，主要原因是1977年后，美元贬值，美国人（主要以法人团体为主）为了套期保值和投资增值获利，使得黄金期货迅速发展起来。目前纽约商品交易所和芝加哥商品交易所是世界上最大的黄金期货交易中心。两大交易所对黄金现货市场的金价影响很大。

以纽约商品交易所为例，该交易所本身不参加期货的买卖，仅提供场所和设施，并制定一些法规，保证交易双方在公平和合理的前提下进行交易。该所对进行现货和期货交易的黄金的重量、成色、形状、价格波动的上下限、交易日期、交易时间等都有极为详尽和复杂的描述。

4. 东京黄金市场

东京黄金市场于1982年成立，是日本政府正式批准的唯一黄金期货市场。会员绝大多数为日本公司。黄金市场以每克日元叫价，交收标准金的成色为99.99%，重量为1公斤，每宗交易合为1 000克。

5. 新加坡黄金交易所

新加坡黄金交易所成立于 1978 年，目前经营黄金现货和 2 月、4 月、6 月、8 月、10 个月的 5 种期货合约，标准金为 100 盎司的 99.99%纯金，设有停板限制。

（二）世界黄金市场提供的交易服务模式

在世界各个黄金市场中，为黄金交易提供服务的机构和场所各不相同，如有的没有固定的交易场所，以伦敦黄金市场和苏黎世黄金市场为代表，可称为欧式；有的则在商品交易所内进行黄金买卖业务，以美国的纽约商品交易所和芝加哥商品交易所为代表，可称为美式；有的则在专门的黄金交易所里进行交易，以香港金银贸易市场和新加坡黄金交易所为代表，可称为亚式。

1. 欧式黄金交易

这类黄金市场里的黄金交易没有一个固定的场所。在伦敦黄金市场，整个市场由各大金商及其下属的公司组成，通过金商与客户之间的电话、电传等进行交易；在苏黎世黄金市场，则由三大银行为客户代为买卖并负责结账清算。伦敦和苏黎世市场上的买家和卖家都是较为保密的，交易量也都难以真实估计。

2. 美式黄金交易

这类黄金市场实际上建立在典型的期货市场基础上，其交易类似于在该市场上进行交易的其他商品。期货交易所作为一个非营利性机构，本身不参加交易，只是为交易提供场地、设备，同时制定有关法规，确保交易公平、公正地进行，对交易进行严格监控。

3. 亚式黄金交易

这类黄金市场一般有专门的交易场所，进行黄金的现货和期货交易。交易实行会员制，只有达到一定要求的公司和银行才可以成为会员，对会员的数量配额有极为严格的控制。虽然进入交易场内的会员数量较少，但是信誉极高。以香港金银贸易市场为例：场内会员采用公开叫价、口头拍板的形式来交易，由于场内的金商严守信用，鲜有违规之事发生。

实际上，以上各种交易所与金商、银行自行买卖或代客交易只是在具体的形式和操作上有所不同，其运作实质都是一样的，都是尽量满足世界不同黄金交易者的需要，为黄金交易提供便利。

（三）黄金市场的参与者

国际黄金市场的参与者包括国际金商、银行、对冲基金、各种法人机构和私人投资者以及经纪公司等。

1. 国际金商（做市商）

最典型的就是伦敦黄金市场上的五大金行，其自身就都是黄金交易做市商，由于其与世界上各大金矿和许多金商有广泛的联系，而且其下属的各个公司又与许多商店和黄金顾客联系，因此，五大金商会根据自身掌握的情况不断报出黄金的买价和卖价。当然，黄金做市商要负责金价波动的风险。

2. 银行

银行在此可以分两类，一种是仅仅为客户代行买卖和结算，自身并不参加黄金买卖，以苏黎世的三大银行为代表，他们充当生产者和投资者之间的经纪人，在市场上扮演着中介的角色。另一种是做自营业务的，如在新加坡黄金交易所，就有多家自营商会员。

3. 对冲基金

近年来，国际对冲基金尤其是美国的对冲基金活跃在国际金融市场的各个角落。在黄金市场上，几乎每次大的下跌都与基金公司借入短期黄金在即期黄金市场抛售和在纽约商品交易所黄金期货上构筑大量淡（空）仓有关。一些规模庞大的对冲基金利用与各国政治、工商、金融界千丝万缕的联系往往能较先捕捉到经济基本面的变化，利用管理的庞大资金进行买空和卖空从而加速黄金市场价格的变化而从中渔利。

4. 各种法人机构和私人投资者

这里既包括专门出售黄金的公司，如各大金矿、黄金生产商、专门购买黄金消费的（如各种工业企业）黄金制品商、首饰行以及私人购金收藏者等，也包括专门从事黄金买卖业务的投资公司、个人投资者等。但是从市场风险的喜好程度分，又可以分为风险厌恶者和风险喜好者：前者希望回避风险，将市场价格波动的风险降低到最低程度，包括黄金生产商、黄金消费者等；后者则希望从价格涨跌中获取利益，如对冲基金。前者希望黄金保值，不愿冒风险；后者为获利愿意承担市场风险。

5. 经纪公司

经纪公司是专门从事代理非交易所会员进行黄金交易，并收取佣金的经纪组织。有的交易所将经纪公司称为经纪行。在纽约、芝加哥、香港等黄金市场里，活跃着许多经纪公司，他们本身并不拥有黄金，只是派代表在交易厅里为客户代理黄金买卖，收取客户的佣金。

（四）世界黄金储备情况

人类在数千年的文明历史中，共挖出总量约 16 万多吨黄金，目前这 16 万多吨黄金中的 40%作为可流通的金融性储备资产，流通于世界金融领域，总量大约为 6 万多吨。其中 3 万多吨是各个国家拥有的官方金融战略储备，2 万多吨是国际上私人和民间企业所拥有的民间金融黄金储备；而另外的 60%则作为一般性商品状态存在，比如存在于首饰制品、历史文物、电子工业产品中。需要注意的是，这60%的黄金，其中很大一部分可以随时转换为私人和民间企业所拥有的金融性资产，参与到金融流通领域中。以下数据仅供参考。

从世界黄金协会提供的国家官方黄金储备资料（见图2-3）看，黄金仍是许多国家官方金融战略储备的主体。现在全世界各国公布的官方黄金储备总量为32 805.4吨。其中官方黄金储备1 000吨以上的国家和组织有：美国、德国、法国、意大利、中国、瑞士、俄罗斯及国际货币基金组织。在这些国家和组织中，美国的黄金储备最多，为8 133.5吨，占世界官方黄金储备总量的24.8%。

WORLD OFFICIAL GOLD HOLDINGS June 2009*

	Tonnes	% of reserves**		Tonnes	% of reserves**
1 United States	8,133.5	78.3%	51 Ecuador	26.1	23.6%
2 Germany	3,412.6	69.5%	52 Syria	25.8	1)
3 IMF	3,217.3	1)	53 Morocco	22.1	2.8%
4 Italy	2,451.8	66.1%	54 Nigeria	21.5	100.0%
5 France	2,450.7	73.0%	55 Belarus 3)	21.1	18.9%
6 China	1,054.0	1.8%	56 Korea	14.3	0.2%
7 Switzerland	1,040.1	37.1%	57 Cyprus	13.9	38.8%
8 Japan	765.2	2.1%	58 Netherlands Antilles	13.1	29.3%
9 Netherlands	612.5	61.4%	59 Czech Republic	13.0	1.0%
10 Russia	536.9	4.0%	60 Serbia	12.9	3.4%
11 ECB	501.4	18.3%	61 Cambodia	12.4	13.0%
12 Taiwan	423.6	3.8%	62 Qatar	12.4	3.1%
13 Portugal	382.5	90.3%	63 Latvia	7.7	5.5%
14 India	357.7	4.0%	64 El Salvador	7.3	7.4%
15 Venezuela	356.4	36.5%	65 CEMAC 4)	7.1	1.4%
16 United Kingdom	310.3	17.9%	66 Guatemala	7.0	4.0%
17 Lebanon	286.8	26.8%	67 Colombia	6.9	0.8%
18 Spain	281.6	39.0%	68 Tunisia	6.8	2.2%
19 Austria	280.0	56.3%	69 Macedonia	6.8	12.0%
20 Belgium	227.5	40.4%	70 Lithuania	5.8	3.0%
21 Algeria	173.6	3.4%	71 Ireland	5.5	16.6%
22 Philippines	154.0	11.2%	72 Mexico	5.4	0.2%
23 Libya	143.8	4.3%	73 Sri Lanka	5.3	8.1%
24 Saudi Arabia	143.0	11.9%	74 Bangladesh	3.5	1.5%
25 Sweden	132.2	13.5%	75 Canada	3.4	0.2%
26 Singapore	127.4	2.1%	76 Slovenia	3.2	11.4%
27 South Africa	124.7	10.4%	77 Aruba	3.1	11.6%
28 BIS	120.0	1)	78 Hungary	3.1	0.2%
29 Turkey	116.1	4.9%	79 Kyrgyz Republic	2.6	4.9%
30 Greece	112.4	91.6%	80 Luxembourg	2.3	15.1%
31 Romania	103.6	8.1%	81 Tajikistan	2.2	1)
32 Poland	103.0	4.8%	82 Hong Kong	2.1	0.0%
33 Thailand	84.0	2.0%	83 Iceland	2.0	1.8%
34 Australia	79.9	7.0%	84 Trinidad and Tobago	1.9	0.6%
35 Kuwait	79.0	18.6%	85 Mauritius	1.9	3.0%
36 Egypt	75.6	6.3%	86 Papua New Guinea	1.9	2.7%
37 Indonesia	73.1	3.8%	87 Suriname	1.6	7.0%
38 Kazakhstan	72.6	10.6%	88 Albania	1.6	2.1%
39 Denmark	66.5	4.0%	89 Yemen	1.6	0.6%
40 Pakistan	65.4	17.5%	90 Cameroon	0.9	0.9%
41 Argentina	54.7	3.4%	91 Paraguay	0.7	0.6%
42 Finland	49.1	17.7%	92 Honduras	0.6	0.7%
43 Bulgaria	39.9	7.2%	93 Dominican Republic	0.6	0.8%
44 WAEMU 2)	36.5	10.6%	94 Malta	0.5	3.5%
45 Malaysia	36.4	1.2%	95 Gabon	0.4	0.6%
46 Peru	34.7	3.2%	96 Central African Republic	0.3	8.2%
47 Brazil	33.6	0.5%	97 Chad	0.3	1.0%
48 Slovak Republic	31.8	83.3%	98 Congo	0.3	0.3%
49 Bolivia	28.3	10.4%	99 Chile	0.3	0.0%
50 Ukraine	26.7	3.1%	100 Uruguay	0.3	0.3%

图2-3　世界各国黄金储备

（五）我国黄金交易场所

1. 上海黄金交易所

（1）概述。

上海黄金交易所是经国务院批准，由中国人民银行组建，在国家工商行政管理局登记注册的，不以营利为目的，实行自律性管理的法人。遵循公开、公平、公正和诚实信用的原则组织黄金、白银、铂等贵金属交易。

（2）组织形式。

黄金交易所实行会员制组织形式，会员由在中华人民共和国境内注册登记，从事黄金业务的金融机构，从事黄金、白银、铂等贵金属及其制品的生产、冶炼、加工、批发、进出口贸易的企业法人，并具有良好资信的单位组成。现有会员 250 家，依其业务范围分为金融类会员、综合类会员和自营会员。金融类会员可进行自营和代理业务及批准的其他业务，综合类会员可进行自营和代理业务，自营会员可进行自营业务。

（3）交易品种和价格。

交易所主要实行标准化撮合交易方式。目前，交易的商品有黄金、白银、铂，交易标的必须符合交易所规定的标准。黄金有 Au99.95、Au99.99、Au50g 以及 Au100g 四个现货实盘交易品种和 Au（T+5）与 Au（T+D）两个延期交易品种和 Au（T+N1）、Au（T+N2）两个中远期交易品种；铂金有 Pt99.95 现货实盘交易品种；白银有 Ag99.9、Ag99.99 现货实盘交易品种和 Ag（T+D）现货保证金交易品种。

（4）资金清算。

中国银行、中国农业银行、中国工商银行、中国建设银行、上海银行、深圳发展银行、兴业银行、华夏银行、广东发展银行作为交易所指定的清算银行，实行集中、直接、净额的资金清算原则。

（5）储运交割。

交易所实物交割实行“一户一码制”的原则，在全国 40 多个城市设立指定仓库，金锭和金条由交易所统一调运配送。

（6）上海黄金交易所交易品种。

全额交易品种，如表 2-2 所示；递延交易品种，如表 2-3 所示。

表 2-2　全额交易

交易品种	报价单位	交易单位	交易资金	可交割条块	最小提货量	交割期
黄金 Au99.99	元/克	100 克/手	100%	1 千克	1 千克	成交即时
黄金 Au99.95	元/克	1 千克/手	100%	3 千克	1 千克	成交即时
黄金 Au50g	元/克	50 克/手	100%	50 千克	50 克	成交即时

续前表

交易品种	报价单位	交易单位	交易资金	可交割条块	最小提货量	交割期
黄金 Au100g	元/克	100 克/手	100%	100 千克	100 克	成交即时
白银 Ag99.9	元/克	15 千克/手	首付 20%	15 千克	15 千克	T÷2
铂金 Pt99.95	元/克	1 千克/手	107%	0.5、1、3、4、5、6（千克）	3 千克	成交即时
交易时间：周一至周四 9：00～11：30/13：30～15：30/20：50～2：30 周五 9：00～11：30/13：30～15：30						

表 2-3　**递延交易**

交易品种	报价单位	交易单位	交易资保证金	可交割条块	最小提货量	交割期
黄金 Au（T÷D）	元/克	1 千克/手	10%	1 千克、3 千克	1 千克、3 千克	交割申请日
黄金 Au（T÷N1）	元/克	1 千克/手	10%	1 千克、3 千克	1 千克、3 千克	交割申请日
黄金 Au（T÷N2）	元/克	1 千克/手	10%	1 千克、3 千克	1 千克、3 千克	交割申请日
黄金 Au（T÷5）	元/克	1 千克/手	10%	1 千克、3 千克	1 千克、3 千克	交割申请日
白银 Ag（T÷D）	元/克	1 千克/手	10%	15 千克	15 千克	交割申请日
交易时间：周一至周四 8：50～11：30/13：30～15：30/20：50～2：30 周五 8：50～11：30/13：30～15：30						

2. 上海期货交易所

2007 年 9 月 11 日，中国证监会正式批准上海期货交易所上市黄金期货。2008 年 1 月 9 日，正式挂牌交易黄金期货合约，这是国内市场推出的第一个真正意义上的黄金期货品种。上海期货交易所因此成为国内另一家黄金场内交易市场。

黄金期货采用双边交易，有持仓时间限制，无夜市交易。投资黄金期货的优点是具有较大的流动性和灵活性，以及杠杆作用。黄金期货投资的缺点是投资风险较大，因为需要较强的专业知识和对市场走势的准确判断。随着交割月份的临近，对于投资者的持仓和保证金要求会不断提高。

为保证黄金期货市场的交易秩序，控制交易风险，期货交易所规定了相应的期货交易制度，即保证金制度、每日计算制度、涨跌停板制度、持仓限额制度、大户报告制度、强行平仓制度、实物交割制度、风险准备金制度和信息披露制度。

三、个人投资黄金

（一）黄金投资品种

1. 实物金

实物金买卖包括金币、金条和金饰等交易，以持有黄金作为投资。可以肯定其投资额较高，实质回报率虽与其他方法相同，但涉及的金额一定会较低（因为投资的资金不会发挥杠杆效应），而且只可以在金价上升之时才可以获利。一般的饰金买入及卖出价的差额较大，视作投资并不适宜，金币及金条由于不涉及其他成本，是实物金投资的最佳选择。但需要注意的是，持有黄金并不会产生利息收益。

金币有两种：纯金币和纪念性金币。纯金币的价值基本与黄金含量一致，价格随国际金价波动，具有美观、鉴赏、流通变现能力强和保值功能。纪念性金币对于普通投资者来说较难鉴定其价值，对投资者的要求较高，主要为满足集币爱好者收藏，投资增值功能不大。

金条有低纯度的砂金和高纯度的条金，条金一般重 400 盎司。市场参与者主要有黄金生产商、提炼商、中央银行、投资者和其他需求方，其中黄金交易商在市场上买卖，经纪人从中搭桥赚取佣金和差价，银行为其融资。黄金现货报盘价差一般为每盎司 0.5～1 美元。

黄金现货投资有两个缺陷：须支付储藏和安全费用，持有黄金无利息收入。通过买卖期货暂时转让所有权可免支付费用和获得收益。中央银行一般不愿意通过转让所有权获得收益，于是黄金贷款和拆放市场逐渐兴起。

2. 纸黄金

“纸黄金”交易没有实物金介入，是一种由银行提供的服务，以贵金属为单位的户口，投资者无须透过实物买卖及交收，而是采用记账方式来投资黄金，由于不涉及实物金的交收，交易成本可以更低；值得留意的是，虽然它可以等同持有黄金，但是户口内的黄金一般不可以换回实物，如想提取实物，只有补足足额资金后，才能换取。

3. 黄金保证金

保证金交易品种：Au（T+5）、Au（T+D）。

Au（T+5）交易是一种实行固定交收期的分期付款交易方式，交收期为 5 个工作日（包括交易当日）。买卖双方以一定比例的保证金（合约总金额的 15%）确立买卖合约，合约不能转让，只能开新仓，到期的合约净头寸即相同交收期的买卖合约轧差后的头寸必须进行实物交收，如买卖双方一方违约，则必须支付另一方合同总金额 7%的违约金，如双方都违约，则双方都必须支付 7%的违约金给黄金交易所。

Au（T+D）交易是以保证金的方式进行的一种现货延期交收业务，买卖双方以一定比例的保证金（合约总金额的 10%）确立买卖合约，与 Au（T+5）交易方式不同的是该合约可以不必实物交收，买卖双方可以根据市场的变化情况，买入或者卖出以平掉持有的合约，在持仓期间将会发生每天合约总金额万分之二的递延费（其支付方向要根据当日交收申报的情况来定，如果客户持有买入合约，而当日交收申报的情况是收货数量多于交货数量，那么客户就得到递延费，反之则要支付）。如果持仓超过 20 天，交易所则要加收按每个交易日计算的万分之一的超期费（目前是先收后退），如果买卖双方选择实物交收方式平仓，则此合约就转变成全额交易方式，在交收申报成功后，如买卖双方一方违约，则必须支付另一方合同总金额 7%的违约金，如双方都违约，则双方都必须支付 7%的违约金给黄金交易所。

4. 黄金期货

一般而言，黄金期货的购买者和销售者，都可以在合同到期日前出售和购回与先前合同约定的相同数量的合约，也就是平仓，无需真正交割实物金。每笔交易所得利润或亏损，等于两笔相反方向合约买卖差额。这种买卖方式，就是人们通常所称的“炒金”。黄金期货合约交易只需 10%的交易额的定金作为投资成本，具有较大的杠杆性，即可用少量资金推动大额交易。所以，黄金期货买卖又称“定金交易”。

世界上大部分黄金期货市场交易内容基本相似，主要包括保证金、合约单位、交割月份、最低波动限度和最高交易限度、期货交割、当日交易、指令。

（1）保证金。交易人在进入黄金期货交易所之前，必须要在经纪人处开户。交易人要与经纪人签订有关合同，承担支付保证金的义务。如果交易失效，经纪人有权立即平仓，交易人要承担有关损失。当交易人参与黄金期货交易时，无需支付合同的全部金额，而只需支付一部分金额（即保证金）作为经纪人操作交易的保障，一般将保证金定在黄金交易总额的 10%左右。保证金是对合约持有者信心的保证，合约的最终结果要么以实物交割，要么在合约到期前作相反买卖平仓。保证金一般分为三个层次：

一是初级保证金（Initial Margin）。这是开始期货交易时，经纪人要求客户为每份合同缴纳的最低保证金。

二是长期保证金（Maintenance Margin）。这是客户必须始终保有的储备金金额。长期保证金有时需要客户提供追加的保证金。追加的保证金是当市场变化朝交易商头寸相反方向运动时，经纪人要求支付的维持其操作和平衡的保证金。如果市场价格朝交易商头寸有利的方向运动时，超过保证金的部分即权益或收益，交易商也可要求将款项提出，或当做另外黄金期货交易的初始定金。

三是应变和盈亏保证金（Variation Margin）。清算客户按每个交易日的结果向交易所的清算机构所支付的保证金，用来抵偿客户在期货交易中因不利的价格走势而造成的损失。

（2）合约单位。黄金期货和其他期货合约一样，由标准合同单位乘以合同数量来完成。纽约交易所的标准合约单位为 100 盎司金条或 3 块 1 公斤的金条。

（3）交割月份。黄金期货合约要求在一定月份提交规定成色的黄金。

(4) 最低波幅和最高交易限度。最低波幅是指每次价格变动的最小幅度，如每次价格以10美分的幅度变化；最高交易限度如同目前证券市场上的涨停和跌停。纽约交易所规定每天的最高波幅为75美分。

(5) 期货交割。购入期货合同的交易商，有权在期货合约变现前，在最早交割日以后的任何时间内获得拥有黄金的保证书、运输单或黄金证书。同样，卖出期货合约的交易商在最后交割日之前未做平仓的，必须承担交付黄金的责任。世界各市场的交割日和最后交割日不同，投资者应加以区分。如有的规定最早交割日为合约到期月份的15日，最迟交割月日为到期月份的25日。一般期货合约买卖都在交割日前平仓。

(6) 当日交易。期货交易可按当天的价格变化，进行相反方向的买卖平仓。当日交易对于黄金期货成功运作来说是必需的，因为它为交易商提供了流动性。而且当日交易无需支付保证金，只是在最后向交易所支付未平仓合约时才支付。

(7) 指令。指令是顾客给经纪人下达的买卖黄金的命令，目的是防止顾客与经纪人之间产生误解。指令包括行为（是买还是卖）、数量、描述（即市场名称、交割日、价格、数量等）及限定（如限价买入、最优价买入）等。

5. 黄金期权

期权是买卖双方在未来约定的价位，具有购买一定数量标的的权利而非义务。如果价格走势对期权买卖者有利，会行使其权利而获利。如果价格走势对其不利，则放弃购买的权利，此时只损失当时购买期权时的费用。黄金期权买卖投资战术比较多且复杂，不易掌握，目前世界上黄金期权市场不太多。

6. 黄金股票

所谓黄金股票，就是金矿公司向社会公开发行的上市或不上市的股票，所以又称为金矿公司股票。由于买卖黄金股票不仅是投资金矿公司，而且还间接投资黄金，因此这种投资行为比单纯的黄金买卖或股票买卖更复杂。投资者不仅要关注金矿公司的经营状况，还要对黄金市场价格走势进行分析。

7. 黄金基金

黄金基金是黄金投资共同基金的简称，所谓黄金投资共同基金，就是由基金发起人组织成立，由投资人出资认购，基金管理公司负责具体的投资操作，专门以黄金或黄金类衍生交易品种作为投资媒体的一种共同基金。由专家组成的投资委员会管理。黄金基金的投资风险较小，收益比较稳定，与我们熟知的证券投资基金有相同的特点。

（二）黄金投资分析

1. 现有黄金品种的分析

国内现有的黄金交易品种（包括各类黄金饰品及纪念金币、贺岁金条等投资品种）具有各自的特点和适合投资的范围，具体如表2-4所示。

表 2-4 我国现有各类黄金交易品种的特点和适合投资的范围

品种	特点	适合投资的范围
金饰、纪念金币、贺岁金条	实物交割，有收藏功能，变现能力差，交易费用高，易磨损	适合收藏，不适合投资
标准金条	实物交割，流通性好，需支付保管、鉴定等的费用，交易费用较高	适合闲散资金较多的投资者
纸黄金	一种个人凭证式黄金，投资者按银行报价在账面上虚拟买卖，全额交易，收益低，单向操作，不能提取现货黄金	适合初级投资者熟悉黄金市场，由于其是虚拟交易，不能提取现货金，无保值功能
黄金延期交易 Au（T+D）	保证金交易，流动性强，收益高，可双向操作，也可提取现货金交割，无合约交割期限限制	主要适于希望保值、避险和拥有闲散资金的投资者
黄金期货	保证金交易，流动性强，收益高，可双向操作，有合约交割期限限制，交割门槛高（最少 3 千克），个人不能进行实物交割	适合风险承受能力高且具有一定资金和专业能力的机构投资者

2. 实物金条投资的税收差异

比较来看，首饰公司的金条，由于其税率为：17%增值税、5%消费税，加上销售成本，整体成本高。银行实物金条的税率为：17%增值税，无消费税，销售成本较前者低。而上海黄金交易所的实物金条，由于无增值税，无消费税，因而较前两者具有税收优势。

3. 黄金延期交易 Au（T+D）与纸黄金的比较（见表 2-5）

表 2-5 黄金延期交易 Au（T+D）与纸黄金的比较

项目	黄金延期交易 Au（T+D）	纸黄金
报价方式	RMB0.01 元/克	RMB 元/克或美元/盎司
交易起点	1 000 克/手	10 克/笔
交易对象	上金所的会员单位	银行为做市商
手续费	交易价值的千分之一	交易价值的千分之三至六
交易方式	双向交易	单向交易，先买后卖
资金	保证金交易	全额交易
交易时间	周一～周五 9：00～11：30、13：30～15：30； 周一～周四 21：00～02：30	周一～周五 24 小时连续交易
交割方式	实物交割	现金交割
风险控制	强行平仓制度	无

4. 黄金延期交易 Au（T+D）与黄金期货的比较（见表 2-6）

表 2-6 黄金延期交易 Au（T+D）与黄金期货的比较

项目	黄金延期交易 Au（T+D）	黄金期货
交易单位	1 000 克/手	1 000 克/手
交割单位	1 000 克/手	3 000 克/手，且只适于法人客户
最小变动价位	RMB0.01 元/克	RMB0.01 元/克
每日价格最大波动限制	不超过上一交易日结算价 −7%～+7%	不超过上一交易日结算价 −5%～+5%
交易时间	周一～周五：9：00～11：30、13：30～15：30； 周一～周四：21：00～02：30	周一～周五：9：00～11：30、13：30～15：30
最后交易日	无固定交割时间	合约交割月份的 15 日（遇法定节假日顺延）
交割方式	实物交割	实物交割
上市交易所	上海黄金交易所	上海期货交易所
监管机构	央行	证监会

5. 上海黄金交易所的优势

(1) 交易品种丰富，双边交易机制，买涨卖跌都可以获利。上金所的贵金属交易品种多达 11 个，交投活跃。

(2) Au（T+D）不仅具有黄金现货的优势，而且具有黄金现货的特点。

(3) 独有的夜市交易使得国内外金价紧密结合，便于把握投资机会。

(4) 交易时间长，T+0 交易进出便利。

(5) 税收政策优惠，具有成本上的优势。

(6) 具有实物交割优势，质量有保证。

6. 黄金交易时间表

目前，全球的黄金市场主要分布在欧、亚、北美三个区域。欧洲以伦敦、苏黎世黄金市场为代表；亚洲主要以中国香港为代表；北美主要以纽约、芝加哥和加拿大的温尼伯为代表。

全球各大金市的交易时间（见图 2-4），以伦敦时间为准，形成了伦敦、纽约（芝加哥）连续不停的黄金交易：伦敦每天上午 10:30 的早盘定价揭开了北美金市的序幕。纽约（芝加哥）等先后开叫，当伦敦下午定价后，纽约等仍在交易，此后中国香港也加入了进来。伦敦的尾市会影响美国的早市价格，美国的尾市会影响中国香港的开盘价，而美国的收盘价和中国香港的尾市价又会影响伦敦的开市价，如此循环。

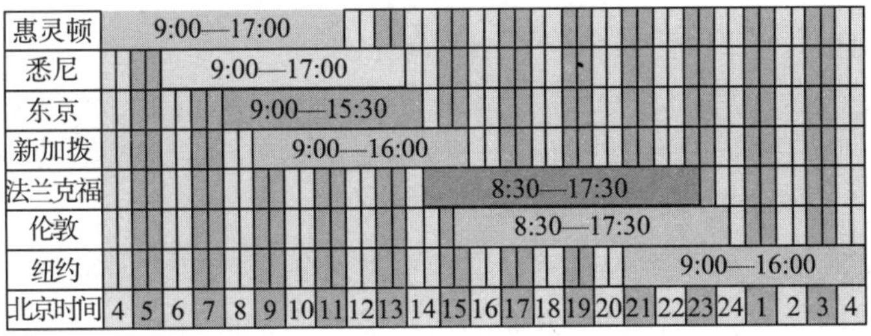

图 2-4 全球各大金市的交易时间

黄金市场是一个全球性的市场，可以 24 小时在世界各地不停交易。黄金很容易变现，可以迅速兑换成任何一种货币，形成了黄金、本地货币、外币三者之间的便捷互换关系，这是黄金在当代仍具备货币与金融功能的一个突出表现。

四、黄金基本面分析

（一）黄金供求分析

20 世纪 70 年代以前，黄金价格基本由各国政府或中央银行决定，国际上黄金价格比较稳定。70 年代初期，黄金价格不再与美元直接挂钩，黄金价格逐渐市场化，影响黄金价格变动的因素日益增多，具体来说，可以分为以下几方面。

1. 供给

供给主要是指金矿的开采。全世界近几年每年金矿开采量约 2500 吨左右，每年产量比较平稳。全球已探明未开采的黄金储量约 7 万吨，只可供开采 25 年。南非、美国等主要产金国产量下降，勘探大型金矿的可能性越来越小，而开采一座大型金矿的正常程序一般需要 7～10 年时间。1980 年后，开采投入支出不断减少。

金矿开采受本身行业特性限制，对价格的敏感度低，价格的大幅上涨需要较长时间才能反映到产量上。如 1979—1980 年金价暴涨，最高至 850 美元，但金矿开采量直到 1981 年都无重大改变，而到了 1983 年才有较大幅度的增长。

2. 需求

（1）工业需求。

工业需求主要在电子工业与牙医领域，约占黄金总需求的 10%；工业对黄金的需求与经济景气度密切相关。

例如，在经济快速平稳增长时期，电子工业、航天等领域也会高速发展，其对黄金的需求也会保持稳定增长。作为五金之王，黄金是少有的化学、物理、电子性能优异的金属，应用领域非常广，在电子、通信、航空航天、化工、医疗等领域及与人们日常生活相关的各类生活日用品中有广泛的应用。日本黄金年消费量在160吨左右，其中工业用金就达100吨，我国目前每年工业用金却不足10吨。

现代电子行业飞速发展，对可靠性的要求越来越高，而黄金具有其他金属无法替代的高稳定性。同时，电子产品日益微型化，单位用金量会很小，对产品成本构不成威胁。因此越来越多的电子元件使用金作为原材料。

金由于具有耐高温、耐腐蚀等特性，在航空航天领域也被大量应用，随着大量航空航天技术应用于民用产品，黄金在这些方面的市场前景非常被看好。例如一种镀金玻璃，在航空航天中用于防紫外线，现在可应用于建筑，能起到很好的防太阳辐射和隔热作用。

黄金还可以用于日用品，如镀金钟表、皮带扣、打火机、钢笔等。钟表王国瑞士国度不大，但其饰品业每年用金量高达40吨，其中95%都用于制表业。日本仅一家手表厂一年消耗金盐就达1吨，相当于消耗黄金680千克。随着我国人民生活水平的提高，电镀用金前景会十分广阔。

(2) 饰金需求。

饰金需求占黄金总需求的75%，份额最大。传统饰金消费大国有印度、沙特、阿联酋，中国、土耳其等、对黄金价格影响巨大，且呈现季节性与周期性的特征，通常第一及第四季度，饰金需求增长明显。

例如，每年印度的婚庆及宗教节日，中国的农历新年，西方的圣诞节和情人节，对饰金的需求都较其他时间多。

(3) 投资需求。

投资需求分为零售投资和EFTs（黄金交易基金）。EFTs为近年投资黄金的又一途径，亚洲和中东地区国家有投资黄金的传统。投资需求对价格的影响：投资需求的价格弹性较其他需求因素大，对价格影响也最大。

EFTs自面市以来，已吸引上千亿的资金流入黄金市场。成为十多年来金价大幅上涨最直接的动力。ETF是Exchange Traded Funds的英文缩写，它是一种交易型开放式指数基金，是跟踪“标的指数”变化，既可以在交易所上市交易又可以通过一级市场用一篮子证券进行创设和置换的基金品种。美国证券交易委员对ETF的定义是“投资目标是获得与标的指数回报率类同的一类投资公司”。为满足这样的投资要求，ETF选择投资某一指数中的所有证券，或者选择某一具有代表性的样本组合。ETF基金份额可以像封闭式基金一样在交易所二级市场方便地进行交易。

（二）美元与黄金

美元对黄金市场的影响主要有两个方面，一是美元是国际黄金市场上的标价货币，因而与金价呈现负相关。假设金价本身价值未有变动，美元下跌，那么金价在价格上就表现为上涨。二是黄金是美元资产的替代投资工具。实际上在2005年之前的几年，金价不断上涨，一个主要因素就是美元连续三年大幅下跌。

从近30年的历史数据统计来看，美元与黄金保持着大概80%的负相关关系，而从近十年的数据中（见图 2-5），美元与黄金的关系越来越趋近于－1%。因此，我们在分析金价走势时，美元汇率的变动是一重要的参考。

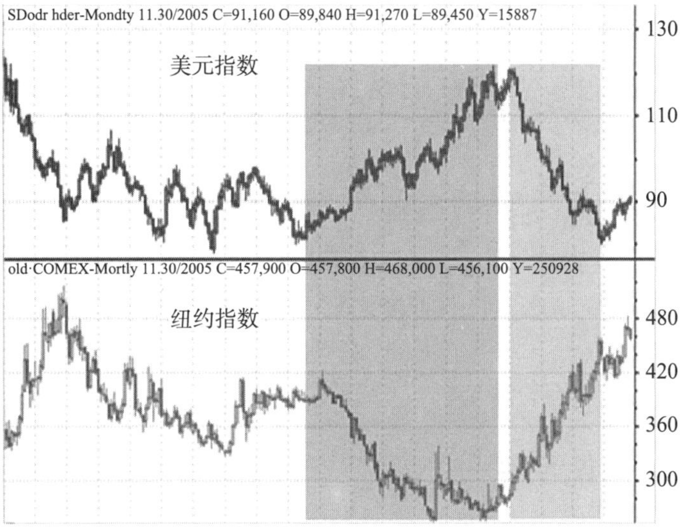

图 2-5 1995—2003 年美元与黄金相关性示意图

通常我们分析美元走势的工具是美元指数，美元指数是综合反映美元在国际外汇市场汇率情况的指标，用来衡量美元对一揽子货币的汇率变化程度。它通过计算美元和对选定的一揽子货币的综合变化率，来衡量美元的强弱程度，从而间接反映美国的出口竞争能力和进口成本的变动情况。如果美元指数下跌，说明美元对其他的主要货币贬值。美元指数期货的计算原则以全球各主要国家与美国之间的贸易结算量为基础，以加权的方式计算美元的整体强弱程度，以 100 为强弱分界线。在 1999 年 1 月 1 日欧元推出后，这个期货合约的标的物进行了调整，从十个国家减少为六个国家，欧元也一跃成为了最重要、权重最大的货币，其所占权重达到了 57.6%，因此，欧元的波动对于美元指数的强弱影响最大。美元指数权重：欧元 57.6，日元 13.6，英镑 11.9，加拿大元 9.1，瑞典克朗 4.2，瑞士法郎 3.6。

美元指数 USDX 是参照 1973 年 3 月六种货币对美元汇率变化的几何平均加权值来计算的。以 100.00 为基准来衡量其价值。105.50 的报价是指从 1973 年 3 月以来，其价值上升了 5.50%。1973 年 3 月被选作参照点是因为当时是外汇市场转折的历史性时刻。从那时起，主要的贸易国容许本国货币自由地与另一国货币进行浮动报价。该协定是在华盛顿的史密斯索尼安学院（Smithsonian Institution）达成的，象征着自由贸易理论家的胜利。史密斯索尼安协议（Smithsonian agreement）代替了曾在新汉普郡（New Hampshire）布雷顿森林（Bretton Woods）达成的并不成功的固定汇率体制。

当前的 USDX 水准反映了美元相对于 1973 年基准点的平均值。到目前为止，美元指数曾高涨到 165 个点，也低至 80 点以下。该变化特性被广泛地在数量和变化率上同期货股票指数作比较。

（三）通货膨胀与利率

作为这个世界上唯一的非信用货币，黄金与纸币、存款等货币形式不同，其自身具有非常高的价值，而不像其他货币只是价值的代表，而其本身的价值微乎其微。在极端情况下，货币会等同于纸，但黄金在任何时候都不会失去其作为贵金属的价值。因此从某种程度上可以说，黄金可以作为价值永恒的代表。这一意义最明显的体现即黄金在通货膨胀时代的投资价值——纸币等会因通胀而贬值，而黄金不会。以英国著名的裁缝街的西装为例，数百年来的价格都是五六盎司黄金的水准，这是黄金购买力历久不变的明证。而数百年前几十英镑可以买套西装，但现在只能买只袖子了。因此，在货币流动性泛滥、通胀横行的年代，黄金因其对抗通胀的特性而备受投资者青睐。

对金价有重要影响的是扣除通胀后的实际利率水平，扣除通货膨胀后的实际利率是持有黄金的机会成本，实际利率为负时，人们更愿意持有黄金。

（四）原油与相关市场

在国际大宗商品市场上，原油是最为重要的大宗商品之一。原油对于黄金的意义在于，油价的上涨将催生通货膨胀，从而彰显黄金对抗通胀的价值。从历史数据看，近 30 年，一盎司黄金平均可兑换 15 桶原油，油价与金价呈 80％的正相关关系。

从图 2－6 可以看出，原油价格自 2002 年 1 月约 20 美元/桶，最高涨至 2006 年 7 月 78 美元左右。促使油价飙升的原因之一是世界经济连续平稳快速增长，不论是美国还是以中国为代表的新兴市场国家，经济表现都非常良好，使得对原油的需求大增。而供给方面的因素则是世界原油产业脆弱的供需平衡，由于剩余产能有限，再加上地缘局势动荡，

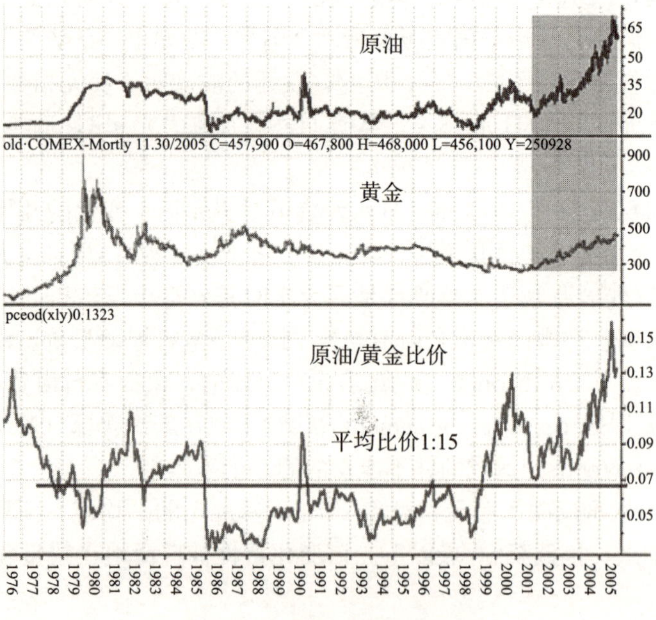

图 2－6　油价与金价对比图

市场对原油供给可能中断的担忧一直存在，从而推升了油价不断上涨。

虽然当前原油价格仍处在对前期上涨趋势的修正之中，但供给与需求脆弱平衡的局面在较长一段时间内仍将持续，因此油价难以出现再深幅的下跌，高位运行且再起风云依然值得期待。

同样的，国际大宗商品市场上其他商品价格的上涨，对于金价也有同样的作用。金价始于2000年的牛市，伴随的是国际大宗商品市场以原油、铜等为首的能源、金属及部分农产品价格的大幅上涨。从1804—2004年世界商品价格的走势看，2000年左右恰是世界商品价格又一轮历史性大牛市的开端。而在这两百年间，总计已有5次超级别的牛市，最短的持续时间为15年，最长的则是40年。每一次大牛市都伴随着战争和政治局势的紧张：19世纪初是1812年的英法战争；20世纪的三次商品大市的重要促成因素分别是第一、二次世界大战和冷战。而当前，美国在全球范围内的“反恐战争”意味着世界局势的紧张与动荡局面将长时期持续下去。

（五）股市与商品市场

美国股市与商品价格已多次演绎“跷跷板”的关系，20世纪已经发生了三个商品大牛市（1906—1923年、1933—1953年、1968—1982年），平均每个牛市持续17年多一点。在这个三个商品大牛市期间，对应的情况是美国股市的长期熊市和通货膨胀的长期上升。

目前这轮以原油、金属和部分农产品为代表的全球性商品大牛市自2000年起。美国股市由于高科技泡沫破灭，自2000年最后一次创出历史新高后开始处于调整下跌过程中，特别是纳斯达克指数，目前仅为历史高点的1/2。作为股票的替代投资手段，黄金价格与美国股市也呈较高的负相关关系，图2-7为1987—2001年道琼斯指数与黄金走势的对比，在美国股票市场的历史性大牛市中，金价正走在长达20年的漫漫熊途之上。

（六）商品价格指数

整个商品市场的价格趋势对金价有很重要的影响，因此分析和跟踪商品价格趋势就成为投资者必须面对和解决的问题。商品投资者通常以分析商品价格指数作为研判商品价格趋势的重要手段。

以商品价格为基础的商品价格指数在国际上已有60多年的历史，在这60多年中，商品价格指数无论在商品市场中还是在对宏观经济的分析指导中，都扮演了极其重要的角色。

最早出现的商品价格指数是1957年由美国商品研究局依据世界市场上22种基本的经济敏感商品价格编制的一种期货价格指数，通常简称为CRB指数。CRB的期货合约1986年在纽约商品交易所上市。

20世纪80年代至90年代，高盛公司、道琼斯公司和标准普尔公司等也纷纷推了自己的商品期货价格指数，并且引入了加权编制的方法，对指数中的商品成分赋予相应的权重。这些指数就是目前备受市场关注的高盛商品期货价格指数（GSCI）、道琼斯商品期货价格指数（DJ-AIG）、标准普尔商品期货价格指数（SPCI）。

图 2-7 1987—2001 年道琼斯指数与黄金走势的对比

从 20 世纪 90 年代开始至今，随着全球经济、金融一体化程度的不断提高，为满足各类期货交易商套保和投机的潜在需求，商品期货指数的发展进入了一个蓬勃发展的新阶段，如 LME 编制的 LMEX 金属期货指数（1999 年 1 月），CBOT 创造的更具灵活性和多样化的 X-fund 基金指数（2002 年 2 月）等。

目前很多著名的商品价格指数本身就是期货市场的交易品种。最近几年 CRB 指数、GSCI 指数的期货合约交易十分活跃，已经成为各类商品投资基金的重要交易工具。其中能源占主要权重的 GSCI 指数更是在商品牛市中成为耀眼的明星。

国际商品指数不但在商品期货市场、证券市场领域具有强大的影响力，也为宏观经济调控提供预警信号。研究发现，商品指数大多领先于 CPI 和 PPI。商品指数走势和宏观经济走势具有高度的相关性。当经济进入增长期，商品指数就会走出牛市行情；当经济进入萎缩期，伴随而来的就是商品指数的熊市。从这个角度看，商品指数的走势成为宏观经济走向的一个缩影。

（七）地缘政治局势

任何一次战争或政治局势的动荡都会促涨金价，而突发性事件往往会让金价在短期内大幅飙升。1980 年的 1 月 21 日金价达到历史高点，每盎司 850 美元。其中一个重要因素就是当时世界局势动乱——1979 年 11 月发生了伊朗挟持美国人质事件，12 月苏联入侵阿富汗，从而使得金价每日以 30～50 美元的速度飙升。

下面我们以海湾战争为例，分析战争对黄金价格走势的影响。

1990 年 2 月，世界金价曾经冲破 420 美元大关，但在随后的半年内几乎是一路暴跌，并在 1990 年 6 月掉到 345.85 美元，创下 1986 来的历史新低。这一期间金价下跌的主要原因是苏联经济状况恶化，人们猜测苏联政府可能会抛售其黄金储备，以偿还外债，结果导致市场出现崩溃性下挫。

1990 年 7 月末 8 月初金价开始回升。特别是在 1990 年 8 月 2 日伊拉克入侵科威特的当天，伦敦金价从 370.65 美元跳跃到 380.70 美元，而后又爬上 413.80 美元。并且直到 1991 年 1 月美英出兵之前一直在 370 到 400 美元之间波动。在这期间，金价主要随着全世界为和平解决科威特问题的努力和政治斡旋而变化，人们对战争与和平的忧虑一直是金价的重要支撑力。

在联合国安理会通过 678 号决议之后，对伊拉克提出了最后通牒，金价又开始向上振荡。在安理会规定伊拉克必须撤军最后期限的第二天 1991 年 1 月 16 日，在战争恐慌的推动下，金价再次突破 400 美元。但在 1 月 17 日“沙漠风暴”行动开始后，战争走向已经明朗，所以“战争溢价”迅速消失，伦敦金价在两个交易日内便下降到 380 美元。1 月 24 日，联军开始实施代号为“沙漠军刀”的地面攻势，2 月 26 日伊拉克宣布无条件接受安理会 678 号决议，从科威特撤出其军队。在海湾紧张局势基本得到解决的情况下，金价很快回归到 360 美元左右的正常水平。

从以上事例可以看出，预期主宰着价格的波动。在此我们做两项分类，一是突发性的战争。因为这类情况在人们的预期之外，所以对金价的影响也是爆发性的，金价往往呈现快速上涨后快速下跌的走势，如伊拉克突然入侵科威特，金价就表现为短时间内大幅飙升。二是人们预期内的战争。在这种情况下，金价已经在跟随预期走了，战争溢价已在价格上涨中体现出来，如上面海湾战争的例子，美伊开战的结局非常明朗，因此实际上战争的爆发就已宣告了其对金价促涨作用的结束。

投资者在进行黄金买卖之前，第一步要进行的就是基本面的分析。假如缺乏基本分析，投资者根本不可能知道市场的现状，了解不到金市是处于收缩还是还会有所增长；市场状况是否过热；现在应该入市还是离市；投资的资金应该增加还是减少；市场趋向如何，所有对黄金基本面的分析至关重要。

（八）影响黄金走势的重要的国际经济数据

各种基本面因素中最重要的是经济因素，各国的经济面是该国货币汇率波动最强大的原动力，货币汇率的波动则推动着黄金价格不断波动。而经济基本面的好坏主要是通过各项经济数据来体现的，因此，了解一些经济数据知识，并掌握判断数据好坏的方法，对研究基本面是非常必要的。

经济数据通常对外汇及黄金市场具有短期的冲击力，一些重要的数据甚至会成为当天各关联市场的重磅炸弹，将走势搅得天翻地覆。不过，即使是再重要的数据，对市场的影响通常也是短暂的，不会从根本上改变大的趋势。但是，这些数据的汇总，通常能够反映一国经济基本面的好坏，当这种好坏出现变化的迹象时，就要小心了，市场往往会对此做出明白无误的反应。

在解读经济数据时，重要的不是数据的绝对值，而是数据的相对变化幅度，这通常会涉及预期值、前值和实际值等问题。西方国家的经济数据不但体系健全，而且官方和民间都有大量的专业机构从事预测工作，在数据公布前，他们会发布对此项数据的预期值，当预期值好于前值时，常常会吸引投机者据此短线买进某种货币，而当预期值比前值差时，短期的悲观气氛亦可能笼罩市场。由于国际汇率市场都以美元为基础，而黄金与美元走势呈负相关，因此需要推测数据对美元的影响。

当实际值公布时，市场往往处于比较敏感的时刻，这时交易会非常频繁，市场的波动也可能非常剧烈。如果实际值好于前值和预期值，那么通常代表利好，反之则代表利空，如果与前值和预期值相差不大，往往只会引起一般的振荡，实际值与前值和预期值的差距越大，那么利好或利空的能量便越大，市场的波动便会越激烈。比如，美国的非农就业数据前值为增长 30 万人，预期此次增长 20 万人，而实际公布值只有 3 万人，欧元或英镑可以在 1 分钟内狂飙超过 100～200 点，而黄金则有可能上涨 20 美元左右。

在各国的经济数据中，以美国的经济数据最为重要，各个非美货币都会对美国的数据做出明显的反应，而欧元区的数据对市场的刺激作用就要小很多，很难看到市场会对欧元区的数据做出激烈的反应，而日元是对数据最不敏感的币种，即使对本国数据也一样，常常出现其他货币因数据刺激出现狂飙而日元无动于衷的局面。

通常来讲，各国的 GDP 通常都是最重要的数据，因为 GDP 是指标之王，而在其他指标中，就业数据也是非常重要的一种。下面是一些比较重要数据，供投资者参考：

美国：GDP、经常账赤字、非农就业人数、领先指数、消费者信心指数。

欧元区：GDP、消费者物价指数。

德国：IFO 经济景气指数、ZEW 经济景气指数。

英国：GDP、工业产出指数。

日本：短观报告（唯一引发日元明显波动的数据，每季度公布一次）。

与黄金市场关系密切经济数据通常包括领先指数（Leading Indicator）、国内生产总值（GDP）、零售销售（Retail Sale）、消费者物价指数（Consumer Price Index）、建筑类指标、财政贸易经常账（Current Account）、生产者物价指数（Producer Price Index）、耐用品订单（Durable Good Orders）等数据。

五、黄金技术面分析

黄金技术面分析是指通过对市场上每日黄金价格波动的分析，即对每日的开市价、收市价、最高价、最低价、成交量等数字资料透过图表将加以表达，从而预测黄金未来价格的走向。每种分析方法都不是十全十美的。我们既不能对技术分析过分依赖，也不能偏向于基本分析。从理论上来讲，在通过基本分析以后，可以运用技术分析来捕捉每一个金市的上升浪和下跌浪，低买高卖，以赚取更大利润。而且，技术分析是以数学统计方程式为基础的一种客观分析方法，有极强的逻辑性，它把投资者的主观见解进行了过滤，要比凭借个人感觉分析稳当得多。

技术分析主要是通过研究以往价格和交易量数据，进而预测未来的价格走向。此类分析侧重于图表与公式的构成，以捕获主要和次要的趋势，并通过估测市场周期长短，识别买入/卖出机会。根据选择的时间跨度，可以使用日内（每 5 分钟、每 15 分钟、每小时）技术分析，也可使用每周或每月技术分析。

通用的黄金技术面分析理论包括道琼斯理论、艾略特波浪理论，常用的图形分析方法一般包括 K 线理论、中继形态（短中期基本形态）、趋势线、移动平均线-MA（Moving Average）以及平滑异同移动平均线-MACD（Moving Average Convergence and Divergence）。

学习任务

任务 1　黄金投资品介绍

【任务背景】

由于黄金具有开采不易、开采成本高、物理特性良好等特点，因此在长期的社会历史发展中黄金不但被人类用作装饰，而且还被赋予了货币价值功能。直到 20 世纪 70 年代，黄金才从直接的货币功能中分离出来，即黄金非货币化。但作为贵金属，黄金目前依然是世界主要的国际储备，同时也是各类投资的主要品种。初级理财顾问应掌握黄金交易知识，知晓黄金投资渠道。

【任务内容】

1. 制作 PPT，内容为初级个人投资者黄金投资步骤介绍，讲解 PPT 并回答提问。

2. PPT 中所介绍的投资品种不得少于三种，每种均需进行收益风险分析、投资开户到交易和获利的详细指引。

【任务要求】

1. 完成时间：课内 90 分钟。

2. 完成地点：校内，实训室。

3. 完成形式：小组完成。

任务 2　黄金价格走势分析

【任务背景】

能基本理清投资关系；会注册、下载、登陆、操作黄金的交易软件；能在完成交易的情况下进行盈亏分析，是初级理财顾问的基本能力。

【任务内容】

1. 查询上海黄金交易所主要交易品种的黄金价格走势，并分析其原因。

2. 进入一家香港或者上海的黄金交易会员单位，进行模拟账户开立并于一周内完成买进卖出交易，简单分析盈亏原因。

【任务要求】

1. 完成时间：课下完成，课内 40 分钟交流点评。
2. 完成地点：校内，实训室。
3. 完成形式：个人完成。

子情境三　房产投资

知识目标

1. 了解个人房地产投资原理。
2. 了解我国房地产投资政策。

专业能力目标

1. 了解包租转租获利原理。
2. 熟悉城市房地产个人投资渠道。

方法能力目标

1. 能提供居住规划建议。
2. 能分析包租转租获利机制。

一、房地产投资

房地产投资是指以获得未来的房地产资产收益或增值为目的，预先垫付一定数量的货币或实物，直接或间接地从事或参与房地产开发经营活动的经济行为。投资者进行房地产投资的主要目的是使其财富最大化。通过房地产投资，投资者可以享有作为房地产业主的权利、获得较高的收益和资本增值，还可以降低其投资组合的总体风险、抵抑通货膨胀的影响。

房地产投资分为直接投资和间接投资。直接投资是指投资者直接参与房地产开发或购买，参与有关管理工作。直接投资又可分为从购地开始的开发投资和面向建成物业的置业投资两种形式。开发投资者主要是赚取开发利润，其风险较大但回报丰厚；置业投资者则从长期投资的角度出发，希望获得收益、保值、增值和消费四个方面的利益。

间接投资主要是指将资金投入与房地产相关的证券市场的行为，间接投资者不直接参与房地产经营。

房地产直接投资有以下几种形式。

（一）房地产开发投资

房地产开发投资是指投资者从购置土地开始，通过在土地上的进一步投资活动，即经过规划设计和工程建设等过程，建成可以满足人们某种入住需要的房地产产品，然后将其推向市场进行销售，转让给新的投资者或使用者，并通过这个转让过程收回投资、获取开发利润。我国禁止个人从事房地产开发经营。

（二）房地产置业投资

房地产置业投资是指面向现有运行中的房地产，以获取物业所有权或使用权为目的的投资。其对象可以是开发商新竣工的商品房（市场上的增量房地产），也可以是旧有物业（市场上的存量房地产）。房地产置业投资的目的一般有两个：一是满足自身生活居住或生产经营的需要，即自用；二是作为投资将购入的物业出租给最终使用者，获取较为稳定的经常性收入。这种投资的另一个特点是在投资者不愿意继续持有该项物业资产时，可以将其转售给其他置业投资者，并获取转售收益。

（三）房地产租赁投资

人们俗称的“二房东”，其实就是房地产租赁市场的包租转租人，包租转租人替置业投资者承担了出租经营上的风险，但赚取的差价是包租和转租之间的利润差，以及一些衍生的经营收益。

房地产间接投资形式在经济社会生活中越来越多，获利机制现在也比较成熟。

二、居住规划

（一）居住规划的必要性

居住是生活的最基本条件，居住规划是人生规划（包括养老、教育的三大规划）之一，居住规划包括购房、租房、换房及房贷规划。作为人生的一个大项目支出，居住规划如果不恰当或缺乏居住规划，可能会使家庭陷入财务窘境或不能实现购房梦想。导致这种情况出现的原因通常有以下几种：（1）购房时只关注首付和房产面积，导致贷款压力过大，成为房奴；在购房时过于依赖银行贷款，选择最低首付条件下能够买到最高房价的房产，导致在房贷还款时压力过大；没有考虑收入变化弹性，在购房后不敢跳槽或创业，严重影响了自己的职业生涯规划。（2）没有进行房涯规划，一味追求居住一步到位。购房者由于结婚等原因首次购房，因追求大面积而选择离市区较为偏远的市郊。如果周边配套设施较差，会影响孩子的教育、医疗等，每年还必须为多余的大面积房产支付高额的物业费。（3）购房者没有一个具体可行的购房规划，从未针对购房进行强制储蓄，以致首付款未能备齐，在购房时通过负债方式筹集首付款，导致负债压力过大，甚至购房愿望可能随着房价上涨不能筹齐首付而最终成为奢望。

（二）租房与购房决策

1. 租房与购房定性比较

（1）在做租房与购房决策时，首先要清楚租房与购房各自的优势和局限性。在住房面积方面，同样的预算，租房比购房有能力使用更多的空间。在不考虑首付的情况下，从收入中划拨出的居住支出用于租房房租往往比购房房贷的偿还要获得更大的面积。

在每月 2 400 元房贷、20 年期房贷的情况下，贷款总额约为 40 万元（按 2011 年房贷计算），以我国一线城市 2011 年平均房价计算，可以购买 40～60 平方米的房产，而用于支付房租可以居住 100 平方米左右的房产。

（2）在相同资金投资效益方面，租房居住，将该项资金用于投资，但丧失了利用财务杠杆效应获取房价上涨带来的资本利得和杠杆收益。租房不用支付首付，可以将首付款用于投资其他项目，以获取收益。如果房价下跌，对于租房者而言，一方面获得了收益，另一方面规避了房价下跌的风险；但房价上涨至一定程度，上涨所带来的收益远高于租房节约的首付款投资收益，且购房者通过房贷利用财务杠杆效应实现了财富的快速积累，房屋这一商品的特殊性决定了其同时具有自用资产和投资性资产的特征。

（3）在资金运用的弹性方面，租房比购房更具有弹性，但租房往往无法实现强制储蓄，影响财富积累速度。购房后成本固定，以后不管收入如何都要负担同样的房贷，偿还房贷后负债减少的同时，家庭资产逐年增加，财富在强制性增长。租房在家庭收入不稳定时，可以在房产选择上有较大的弹性，不至于因为房贷而面临强制性储蓄，但租金和房贷不同，租金是一项消费性支出，而房贷是一项负债，负债的偿还会增加净资产，而消费性支出不会增加净资产。

（4）在使用成本方面，租房的使用成本会随着房租价格的波动而波动，当房租上涨时，租房者不得不面对房租上涨带来的成本压力。在房贷利率上涨时，购房者可能会面临房贷成本增加的风险，同时还要对房屋进行维护而产生维护成本。

（5）在持有风险方面，租房的风险较购房风险小。购房后如果房价下跌、房屋毁损，购房者需要承担相应的风险，而租房者则可以规避此类风险。

（6）在税收方面，购房者在购房时需要缴纳与房产交易相关的税收，在持有期间还可能缴纳房产税，而租房者不需要缴纳与房产交易相关的税收，但可能要承担出租人转嫁的房产税。

（7）在其他方面，租房具有一定的迁徙自由度，租房者不会由于房产交易成本而影响自由迁徙，在此方面租房者比购房者具有更大的自由度，但租房者不能按照自己的意愿对房屋进行装修改造，可能无法实现自己的居住期望。购房可以使购房者的人生成功感变强，而且购房者可以根据自己的意愿装修，实现居住的最大效用，同时在信贷方面会增加信用积分。

2. 购房与租房定量决策

上述购房与租房的比较只是在定性方面对两种方案进行了比较，从理财角度考虑，对两种方案的选择还要依赖于定量分析。由于居住规划主要是考虑自用性，因此，选择的标准是使用成本，先比较两方案的成本大小，再做出合理的决策。依据成本考量时是否考虑货币时间价值，分为两种方法：一是年成本法，该方法只考虑年使用成本，不考虑货币时间价值；二是净现值法，该方法使用货币时间价值概念计算净现值来对两种方案进行选择。

（1）年成本法。

年成本法是比较租房或者购房的年成本，成本小的更为划算。以自住而言，购房者的使用成本是首付款机会成本、房屋贷款利息与住房维护成本。而租房者的使用成本是房租与房租押金的机会成本。

租房年成本＝押金×机会成本率＋年租金

购房年成本＝首付款×机会成本率＋贷款余额×贷款利率＋年维修费及税金－房价每年涨幅

年成本法只是基于当前状况的一个比较，在做租房或者购房决策时还应该考虑将来的其他因素的改变，如房租是否呈增长趋势，房价是否呈增长趋势。另外，购房后总价固定，如果贷款利率不变，随着每年还款，贷款余额逐渐减少，因此，购房年成本逐渐降低；如果将来房租不断上涨，则租房年成本逐渐上升。

（2）净现值法。

净现值法指在一个固定的居住期间内，将租房及购房的现金流量折现为现值，比较两者的净现值较高者为划算。

三、购房规划

（一）购房能力分析

购房能力分析是购房规划的一个重要的环节，在购房规划中，不仅要考虑到首付款的筹备，同时还要考虑购房后的房贷还款能力，两者共同决定了购房能力，如果只考虑到首付，很可能会陷入到低首付的陷阱，成为房奴。购房能力分析的方法有两种，即年收入概算法和目标精算法。

（二）购房区域选择

在可负担房价确定后，购房者考虑购房区域取决于两大因素：区位和大小。这两个因素中，房子的大小取决于购房需求，弹性较小，因此一般会先确定购房的大小和房间套型，再依据面积或负担总价确定区位。当然也有特殊情况，如购房者购房的目的是为了孩子教育，在购房总价确定后，会首先考虑房子的区位，必要时牺牲面积换优势区位。在进行区域选择时，购房者还应考虑下列因素：

（1）所居住社区附近的生活设施，如超市、商场、公园、医院的便利性。

（2）离上班地点或子女就学地点远近及学校教学质量等。

（3）交通是否便利。同一城市的住房房价可以以市中心为圆心画同心圆，越往外扩散房价越低。但市郊地铁站附近或区域型的商圈的房价，也有可能比未翻新改造且无地铁可达的老旧市区房价高。

（4）附近是否有不利设施，如公墓、电视发射塔、垃圾场等。

（5）该区位是否有遭受自然灾害的风险，如处于泥石流危险的山坡地、地震断层带，逢台风、大雨就水淹的低地。

学习任务

熟悉个人房地产投资类型

【任务背景】

商业地产典型投资过程与获利机会分析是理财规划人员应该掌握的主要技能之一。

【任务内容】

谢先生在 2005 年购买天津时代奥城酒店式公寓一间，面积 46 平方米，总价 28 万元，精装修。请回答下列问题：

1. 该酒店公寓与一般普通住宅在产权上和设施上有什么不同？

2. 酒店公寓的最佳用途是什么？

3. 谢先生如于 2012 年 4 月出售该酒店式公寓给刘女士，他的出售的市场价格应该是多少？他的投资回报率是多少？交易中各项税费是多少？

4. 刘女士买到该房屋，如果不作为居住用途，而作为出租使用，请问，该房屋每月的租金为多少才能在 15 年内收回全部投资？（参考目前五年银行定期存款利率）

5. 与目前的市场租金相比较，该租金回收是否合理？

【任务要求】

完成方式：每人独立完成。

子情境四　投资工具的选择和比较

知识目标

1. 了解投资工具的作用。

2. 了解投资工具的种类。

专业能力目标

1. 掌握投资工具收益分析。
2. 掌握投资工具风险分析。

方法能力目标

1. 能根据理财目标初步选择投资工具。
2. 能进行客户风险承受能力初步分析。
3. 能进行理财目标评价。

一、投资工具收益与风险

无论是股票、债券、基金、黄金、房产，都是为了实现规划目标的投资工具。金融投资工具随着金融市场的不断创新和发展，品种逐渐丰富，种类多样，在选择投资工具时要注意以下几点。

（一）投资目标利润率

不同的投资工具具有不同的投资利润率，投资者要实现的投资目标不同，需要选择不同投资利润率的投资工具，否则在既定的时间内，资金增值率不能满足投资者的要求。

目前市面上银行、证券、保险、三方理财、房产、信托都有一些创新型的理财产品，实际的投资利润率也比较可观。

（二）风险承受能力

在投资规划中，理财规划师需要根据客户的风险承受能力进行投资资产的配置，以使资产组合风险控制在客户承受能力范围内。因此，风险承受能力是个人风险管理和理财规划的重要考量因素，理财规划师在制定理财规划方案前，必须首先评估客户的风险承受能力。

客户主观上对风险的容忍态度决定了客户愿意承受的风险，理财规划师在制订方案的过程中，不能将自己的意见强加给客户，可接受的风险水平（由客观的风险承受能力和主观风险容忍态度共同决定）应该由客户自己确定。

（三）风险承受能力的影响因素

许多研究表明，风险承受能力与个人财富、教育程度、年龄、性别、出生顺序、婚姻状况和就业状况等因素密切相关。

1. 个人财富

个人财富的多寡总体上与风险承受能力成正相关关系，即个人财富越多，风险承受能力越高。但具体情况还应具体分析，如财富的获得方式也是影响人们风险承受偏好的一个因素。财产继承人和财富创造者相比，后者的风险承受能力高于前者，而前者比后者更乐于听取理财规划师的建议。

2. 教育程度

一般而言，风险承受能力随着正规教育的增加而增加，学历和风险承受能力存在明显的正相关性。这可能是由于教育程度和收入、财富的相关性，也可能是因为高学历者比较熟悉可供选择的各种投资渠道等。

3. 年龄

风险承受能力通常和年龄成负相关关系，一般而言，年龄越大，风险承受能力越低。结婚前，由于没有家庭生活和子女教育等压力，风险承受能力较强。家庭形成期至家庭成长期，随着家庭成员的增加，人生各个理财目标实现时间临近，投资的失败可能直接导致目标无法实现，风险承受能力逐渐下降。家庭成熟期虽然理财目标逐步实现，并可能只剩退休目标，但离目标实现年限已近，时间上已不允许投资失败，因此，风险承受能力继续下降。家庭衰退期，生活支出完全依赖理财收入，投资直接关系到基本生活需要，风险承受能力最低。

4. 性别

一般情况下，在生活诸多方面，男性的风险承受能力高于女性。近期研究结果却有所不同，年老的已婚妇女确实比丈夫更不愿意承担财务风险，但年轻男性和女性之间对财务风险偏好的差异却很小或几乎没有。

5. 出生顺序

出生顺序对风险承受能力也有一定影响，长子（女）通常比其弟（妹）更不愿意承担风险。一个合理的解释是，父母对长子（女）小时候的生活控制较多，并教育其必须为人可靠和承担责任。对孩子而言，这意味着尽量不去承担不必要的风险。

6. 婚姻状况

未婚者的风险承受能力可能高于已婚者，也可能低于已婚者，关键在于是否考虑了已婚者双方的就业情况以及经济上的依赖程度。如果一个人觉得自己的行为将对能否继续依赖对方造成负面的影响，就会更加谨慎行事。在双薪家庭中，夫妻双方的风险承受能力将高于未婚者，因为双方都有相当的经济独立能力，双份收入可以增加风险承受水平。

7. 就业状况

个人的就业状况也会影响风险承受能力。风险承受能力的一个重要方面体现在对工作的安全性需要上，失业可能性越大，职业风险越大。安全保障程度高的职业，即使工资报酬较低，对风险厌恶者也可能很有吸引力。一般而言，公共管理部门能够提供较高的安全保障。数据表明，将公共管理部门的职员和私营部门的职员相比，前者的风险厌恶程度较高。专业人员（如内科医师、律师、注册会计师、精算师）在投资决策上的风险偏好高于非专业人员（如农民、非熟练工、牧民）。通常，风险承受能力随着知识和熟练程度的增加而增加。

实践表明，一个人在同一职位待的时间越长，晋升机会就越小。由于对经济安全的需要，很多风险厌恶者一直待在同一单位的同一职位上，几乎没有任何提升机会，而风险追求者则经常改变工作，不断寻找条件更好的、符合个人发展的就业机会。风险厌恶者比较容易被那些提供固定收入的职位和公司所吸引，而风险追求者倾向于选择根据个人工作绩效提供浮动报酬的公司，愿意承担较大的风险。

（四）常见的风险评估方法

在理财规划过程中，常用的风险评估方法主要有以下两种。

1. 简易量化分析

简易量化分析只考虑年龄和冒险、积极、稳健、消极、保守五种风险承受度，只考虑股票和存款两种工具。

（1）年龄和投资股票比例。以“100－年龄”来计算，如30岁可以投资股票70%，存款30%；50岁可以投资股票50%，存款50%。

（2）冒险型投资者可以依照年龄算出的股票比率再加上20%，积极型投资者可以依照年龄算出的股票比率再加上10%，保守型投资者可以依照年龄算出的股票比率再减去20%，消极型投资者可以依照年龄算出的股票比率再减去10%，稳健型投资者则维持依照年龄算出的股票比率。如20岁的冒险型投资者的资产可以100%投资股票，80岁的保守型投资者的资产则应该100%用于存款。

2. 风险矩阵量化分析

理财规划师应针对客户的家庭负担和主观风险偏好，衡量客户的风险承受能力和风险承受意愿，以此来建议客户从现况达到目标应该选择何种评估方式。

（1）风险承受能力指标（risk capacity index，RCI）。

风险承受能力指标可依据年龄、就业状况、家庭负担、置产状况、投资经验和投资知识估算得出。风险承受能力指标分值如表2－7所示。影响风险承受能力的因素可定义如下：

1）年龄：总分50分，25岁以下者50分，每多1岁少1分，75岁以上者0分。

2）其他因素：总分50分。

RCI总分为100分，最低为10分。得分越低者表示风险承受能力越低。RCI可以定位为5个等级：20分以下为低风险承受能力，20～39分为中低风险承受能力，40～59分为中等风险承受能力，60～79分为中高风险承受能力，80分以上为高风险承受能力。年龄为风险承受能力最重要的考虑因素，因此在总分 100 分中占了一半分值。

例如，一个 30 岁、单身、无自用住宅的工薪阶层，有 3 年投资经验，懂一些投资知识，风险承受能力分数为：

年龄 45 分＋就业 8 分＋家庭 10 分＋置产 2 分＋经验 6 分＋知识 4 分＝75 分

该客户可承受中高风险。

又如，一个 46 岁、双薪有子女、有自用住宅无房贷、在投资顾问公司上班，有 15 年投资经验，有专业证照的工薪阶层，风险承受能力分数为：

年龄 29 分＋就业 8 分＋家庭 6 分＋置产 8 分＋经验 10 分＋知识 10 分＝71 分

该客户可承受中高风险。

两个例子中的客户虽然年龄差异为 16 岁，但考虑其他条件后总分相当，有相同的风险承受能力。

表 2－7　风险承受能力指标分值

因素＼分值	10 分	8 分	6 分	4 分	2 分	客户得分
年　龄	总分 50 分，25 岁以下者 50 分，每多 1 岁少 1 分，75 岁以上者 0 分					
就业状况	公教人员	上班族	佣金收入者	自营事业者	失业	
家庭负担	未婚	双薪无子女	双薪有子女	单薪有子女	单薪养三代	
置产状况	投资不动产	自宅无房贷	房贷＜50％	房贷＞50％	无自宅	
投资经验	10 年以上	6～10 年	2～5 年	1 年以内	无	
投资知识	有专业证照	财金科系毕业	自修有心得	懂一些	一片空白	
总　分						

（2）风险承受态度指标（risk attitude index，RAI）。

风险承受态度可以依据客户对本金可容忍的损失幅度及其他心理测验估算出来。风险承受态度指标分值，如表 2－8 所示。可定义影响风险承受态度的因素如下：

1）对本金损失的容忍程度：可承受亏损的百分比（以一年的时间为基准）。总分 50 分，不能容忍任何损失为 0 分，每增加一个百分点加 2 分，可容忍 25％以上损失者为满分 50 分。

2）其他心理因素：总分 50 分。

RAI 总分为 100 分，最低为 8 分。得分越低者表示风险承受态度越低。RAI 可以定位为 5 个等级：20 分以下为低风险承受态度，20～39 分为中低风险承受态度，40～59 分为中等风险承受态度，60～79 分为中高风险承受态度，80 分以上为高风险承受态度。本金损失容忍度为风险承受态度最重要的考虑因素，因此在总分 100 分中占了一半分值。

例如，一个投资者可以忍受本金的最大损失为 15％，得 30 分；投资首要考虑是为获取长期资本利得，得 8 分；过去投资的绩效赚少赔多，得 4 分；赔钱影响情绪小，得 6 分；当前主要投资工具为股票，得 8 分；未来避险工具为期货，仍不排斥股票，得 8 分。风险承受态度总分为 64 分，属于中高风险承受态度。

表 2-8 风险承受态度指标分值

因素＼分值	10 分	8 分	6 分	4 分	2 分	客户得分
忍受亏损百分比	不能容忍任何损失 0 分，每增加 1%加 2 分，可容忍>25%得 50 分					
首要考虑	赚短现差价	长期利得	年现金收益	抗通膨保值	保本保息	
认赔动作	默认停损点	事后停损	部分认赔	持有待回升	加码摊平	
赔钱心理	学习经验	照常过日子	影响情绪小	影响情绪大	难以成眠	
最重要特性	获利性	收益兼成长	收益性	流动性	安全性	
避免工具	无	期货	股票	外汇	不动产	
总 分						

(3) 风险矩阵。

在进行资产配置时应同时考虑到根据个人客观条件计算的风险承受能力和依个人主观意愿计算的风险承受态度。两者可以综合成风险矩阵。

二、理财目标评价法

理财目标评价是考量客户目前资源和未来储蓄是否能够满足客户理财目标需求的方法。理财目标评价方法按评价目标的数量可以分为单一目标评价和多目标评价。单一目标评价采用目标基准点法，多目标评价有多目标并进法、目标顺序法和目标现值法三种方法可供选择。

(一) 单一目标评价——目标基准点法

只有一个理财目标需要规划时，理财规划师可以先找出该目标实现或者开始实现的时点作为基准点，通常是该目标开始持续支付现金流量的时间点。

目标基准点的基本思想是把理财目标实现的时点作为基准点。基准点之前我们通过累积资产来实现理财目标，是用现值（如现有可投资的金融资产）或年金（如每期收入扣除支出剩余的储蓄额）来求复利终值或年金终值。基准点之后可以理解为先借贷一笔资金来实现理财目标，之后再分期摊还，是用终值（如预留遗产额）或年金（如每期学费、每期生活费、每期房贷）来求复利现值或年金现值。目标基准点法是理财规划师处理客户单个理财目标时常用的规划方法。

一般而言，退休规划的基准点是客户退休当年；子女教育金规划的基准点是子女接受非义务教育当年；购房规划的基准点是购房当年。使前段现值与年金所累计的资产（可视为财富或资源总供给）等于后段终值与年金所算出的负债（可视为目标总需求）的时点就是理财目标可以实现的时点。折现率的高低则是决定何时资产会等于负债的关键因素。

需要特别注意的是，只有同一个时点的货币价值才能相加减。根据目标基准点法，在基准点之前准备的终值，与基准点之后现金流量的折现值，都是基准点那一个时点的货币价值，所以可以互相比较或相加减。目标基准点法下，在基准点之前准备的终值大于或等于基准点之后的现金流量折现值时，理财目标可以实现；否则不能按时实现理财目标。

1. 退休规划

退休规划基准点应选为退休当年。此前为准备退休金阶段，可称为积累退休金资产；此后开始准备支付退休生活所需的年或月现金流量、直到终老为止的退休后年生活费的折现值，可称为退休金负债。退休规划基准点，见图 2-8。

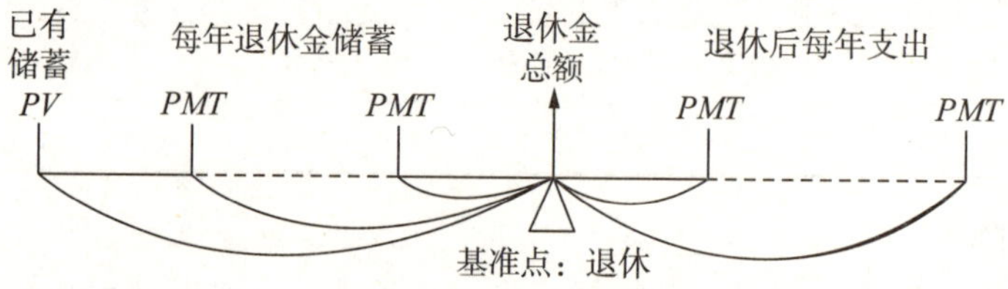

图 2-8　退休规划基准点

具体计算过程如下：

步骤 1：确定希望退休年龄，将其作为基准点并预期个人寿命。

步骤 2：计算退休后每年的支出的现值，并计算退休金总额。

步骤 3：计算现在已经提拨入养老金账户的金额在退休点的终值。

步骤 4：计算二者差异，如第二步计算的结果大于第一步，则要增加储蓄或延迟退休；相反，则表明目前储蓄能满足退休要求。

2. 购房规划

购房规划的基准点是购房当年，此前为准备首付款阶段，此后开始准备支付房贷月供额。可购买的房屋总价＝购房时可准备的首付款＋购房后有能力负担的贷款。购房规划基准点，见图 2-9。

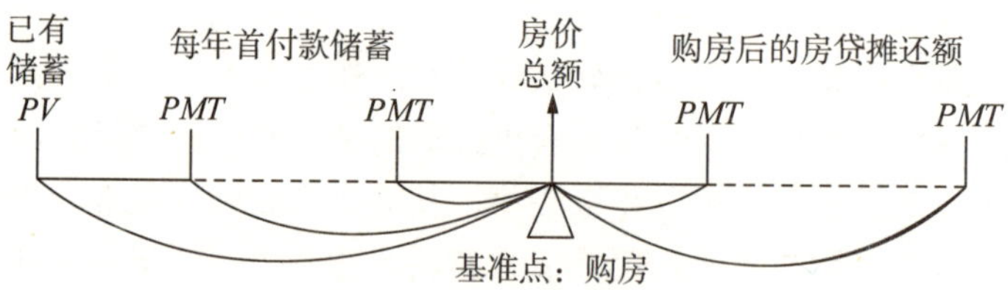

图 2-9　购房规划基准点

具体计算过程如下：

步骤 1：依据理财目标确定购房时间，将其作为基准点，同时确认总价。

步骤 2：计算为购房已准备的储蓄和以后每年储蓄的终值至购房日。

步骤 3：依据自身的贷款负担能力确定购房后每年的房贷摊还额并计算其现值至购房日。

步骤 4：将第二步和第三步两者金额相加和第一步总价比较，确定房款差额，决定采取措施。

3. 教育金规划

子女高等教育金规划通常设在子女 18 岁准备上大学的那一年，此前为准备子女教育金阶段，此后为开始准备支付子女大学以后的高等教育金阶段，与退休规划的原理相同，只是高等教育金的持续支付年数要比退休后生活年数少一些。在子女教育金规划中，所需准备的届时金额与年数目标，较退休及购房目标弹性小，但在如何准备的策略上仍然可以在高储蓄率低报酬率与低储蓄率高报酬率之间做取舍。投资者应分析自己的风险属性与收入水准，比较自己适合采取哪一种方式来实现目标。教育金规划基准点，见图2-10。

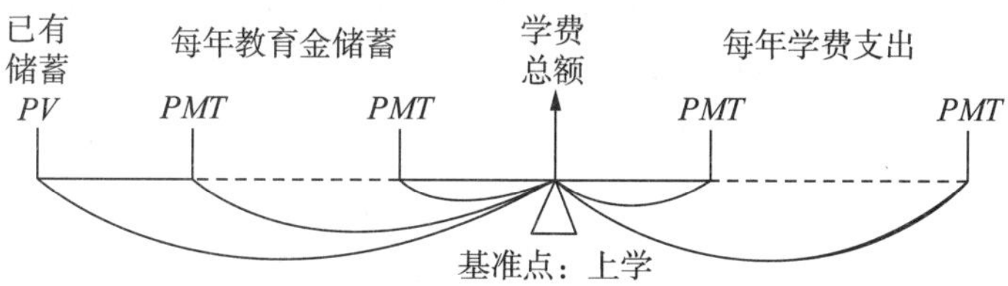

图 2-10　教育金规划基准点

具体实施步骤如下：

步骤 1：确定资助子女上学的年龄和时间并以此作为基准点。

步骤 2：依据教育类别确定每年的教育费用。

步骤 3：将每年的教育费用折算现值至基准点。

步骤 4：将现有储蓄和至基准点之间每年的教育储蓄折算终值至基准点。

步骤 5：比较上述两个值并确定应采取的措施。

（二）多目标评价

1. 多目标并进法

多目标并进法是理财规划师处理客户多个目标时常用的一种规划方法，这种方法的基本思想是从现在开始，对客户主要理财目标（如购房目标、教育金目标、退休目标）都“齐头并进”地投入资源。这种资源配置方法从时间上而言，前期由于要实现的理财目标多、储蓄低而负担过重，后期随着储蓄的增长和理财目标逐步实现，负担逐步降低，因此，对于负担过重的理财目标，不论时间长短，和其他方法相比，负担越重的目标准备时间越长，实现的可能性越大。

具体计算步骤如下：

步骤 1：先计算各项理财目标的应有储蓄额。

步骤 2：将各理财目标按重要性顺序进行排序，并将现有目标按重要性依次配置于理财目标项目。

步骤 3：对于各项目，以应有储蓄额扣除资产配置额后，将资金缺口作为未来储蓄额编制储蓄预算表。

2. 目标顺序法

目标顺序法的基本思想是，将目标按时间排序，同一时段将所有资源都用于最早应实现的一个理财目标，执行完毕后再投入下一个目标。该方法的优点是同一个时间将所有的资源集中，达成时间上最迫切的理财目标；该方法的缺点是若对时间顺序在前的理财目标投入过多资源，待完成此目标后，时间顺序在后的目标可能已经没有足够的资源来实现。

3. 目标现值法

目标现值法是将现在作为衡量理财目标是否能够实现的时间点，在这种方法中，将货币化的目标和已有资源以及未来的预估储蓄全部折现至目前，比较两者的大小，如果货币化的理财目标大于资源供给，目标无法实现；反之，则可以实现目标。这种方法没有将各个目标分项计算，各目标的具体完成情况无法反映，在实务中，理财师用其作为生涯模拟规划的理论基础。

王先生现年 40 岁，目前拥有资产 100 万元，理财目标为 5 年后购房，房款 150 万元，房贷利率 6%，贷款 10 年，贷款 70%；10 年后子女教育目标为 120 万元；20 年后退休，需要退休金 200 万元，王先生依风险属性测定投资报酬率为 9%，预估未来年储蓄能力 7 万元。

王先生资金供给的现值主要包括两个部分，一是现有资产 100 万元，二是每年储蓄的现值。特别要说明的是，由于第 6～15 年的年储蓄用来偿还房贷，其折现率应采用的是贷款利率而不是投资报酬率。

年储蓄的现值＝*PV*（9%，5，－70 000）＋*PV*（9%，5,，*PV*（6%，10，70 000））＋*PV*（9%，15,，*PV*（9%，5，70 000））＝681 874.21（元）

资金总供给现值＝1 000 000＋681 874.21＝1 681 874.21（元）

购房目标现值＝PV（6%，5,，1 500 000）＝974 897.08（元）

子女教育目标现值＝PV（9%，10,，1 200 000）＝506 892.97（元）

退休目标现值＝PV（9%，20,，2 000 000）＝356 861.78（元）

资金的总需求现值＝974 897.08＋506 892.97＋356 861.78＝1 838 651.83（元）

资金总需求现值大于总供给现值，目标无法实现。

学习任务

项目 1　理财产品介绍

【任务背景】

市面上的理财产品越来越繁杂，互相代销也成为一种市场现象，广告中也有针对理财产品的一些模糊、夸大言辞的宣传。寻找理财产品，理清理财产品的脉络，了解获利机制，分析收益与风险是理财顾问应该完成的基本工作。

【任务内容】

1. 收集 4 个不同金融机构发行的理财产品。

2. 进行理财产品的介绍，分别进行获利机制、收益和风险分析。

【任务要求】

1. 完成时间：课下 180 分钟，课内 90 分钟。

2. 完成地点：校内外，实训室。

3. 完成方式：小组完成。

项目 2　目标基准点法

【任务背景】

张先生目前 40 岁，年收入 12 万元，每年生活费用 5 万元，养老金账户余额 70 万元，每年提拨 1 万元至养老金账户。假设退休前养老金账户投资报酬率为 8%，通货膨胀率为 4%。张先生希望 60 岁时正常退休并保持目前的生活水平不变。

【任务内容】

预计张先生寿命为 85 岁，用目标基准点法评估张先生的退休目标是否能够实现。

【任务要求】

1. 完成时间：课内完成，课内 20 分钟交流点评。

2. 完成地点：校内，实训室。

3. 完成方式：个人完成。

项目 3　目标现值法

【任务背景】

许先生年后购房目标终值 50 万元，20 年后子女教育金目标终值 20 万元，30 年后退休金目标终值 100 万元，报酬率 8%，房贷利率 4%，贷款期 20 年。现有净值 100 万元，年储蓄 10 万元，按目标现值法计算可否完成所有目标。

【任务内容】

用目标现值法衡量许先生的资产配置是否能够完成所有理财目标。

【任务要求】

1. 完成时间：课内完成，课内 20 分钟交流点评。

2. 完成地点：校内，实训室。

3. 完成方式：个人完成。

情境三 生活理财规划

子情境一　家庭日常规划

任务一　家庭财务报表的编制

知识目标

1. 掌握家庭财务报表的科目及编制方法。
2. 掌握家庭财务结构和比率的分析方法。

专业能力目标

1. 能够正确编制家庭财务报表。
2. 能够利用报表分析客户家庭财务状况，帮助客户编制预算和进行预算控制。

方法能力目标

1. 能够正确编制家庭财务报表，包括家庭资产负债表、家庭收支储蓄表、家庭现金流量表。

2. 能够利用家庭财务报表正确分析家庭财务状况，掌握财务比率分析法和情景分析法。

3. 能够运用家庭财务预算原理，帮助客户编制和执行家庭预算。

一、编制家庭财务报表

在理财规划师和客户建立关系并获取相关信息后，应依据所取得的信息分析和评价客户当前的财务状况，编制家庭财务报表是进行客户财务状况分析的前提条件，也是制定理财规划方案以及方案执行和监控执行的前提条件。

编制家庭财务报表，首先要了解家庭财务报表各项目的构成及其数据来源，因此，掌握家庭财务的基本概念是编制家庭财务报表的理论基础。家庭财务报表中有关资产负债表的基本概念主要有以下几方面内容。

（一）流量与存量

在谈及个人、家庭财务报表之前，首先要能分辨流量和存量的概念。在流量和存量的基础上，家庭经济活动可以划分为资产、负债、净资产、收入、费用和储蓄六个要素。正确理解这六个要素是编制家庭财务报表的基础和关键。

1. 存量——资产与负债

资产和负债是存量的概念，显示某个结算时点资产和负债的状况，资产扣除负债后形成净资产，资产负债表反映了某一时点三者之间的关系。资产是家庭所拥有的、能为自身带来经济利益的资源。家庭拥有资产的目的在于自用或生息，因此，资产可以分为生息资产（如存款、基金投资、房地产投资等）和自用性资产（自住房、汽车等），而生息资产根据用途不同又可以分为流动性资产和投资性资产。

（1）流动性资产。流动性资产包括现金、活期存款、货币市场基金等。

从谨慎性动机和货币需求的角度，这些资金是家庭为应付失业、医疗等突发事件准备的紧急预备金，紧急预备金数量的制定应考虑突发事件存在的可能性以及所需金额，通常需要维持3～6个月的生活费。

投机性动机是家庭保留一部分现金直至市场看好时再进场投资，因此，所需要维持的现金额度没有一个确定的数额，通常是总投资金额的一定比率。证券交割款活期存款账上的余额，随时可能转回股市操作的货币市场基金，或随时可能转回海外股票基金操作的美元货币基金，都属于投机性的货币需求。

（2）投资性资产。除了流动性资产之外，所有可以产生利息收入或资本利得的资产都可算作投资性资产，包括定期存款、国债、公司债、股票、债券型基金、股票型基金、平衡型基金和外币投资产品等。投资型保单和储蓄险，因为能够积累现金价值，也算是投资性资产。除了金融性资产之外，以收取租金或赚取买卖差价为目的所购买的投资用房地产、黄金和古董字画收藏品等实物投资，流动性较低但保值性较高，也算是投资性资产。

（3）自用性资产。自用性资产包括个人或家庭使用的，且拥有产权的房屋、汽车、珠宝首饰等资产。自用性资产可以提供使用价值，虽然在必要时也可以卖出变现，但持有不是以赚取买卖价差为主要目的。自用资产如房屋和珠宝首饰等，在通货膨胀时通常有保值功能，除此之外，拥有房屋可以以一次性的支出来代替每月的租金支出。自用资产中的自用汽车作为消耗品，其价值将随使用年限的增长而逐步下降。

(4) 负债。负债是家庭对外形成的、未来需用现金或其他资产偿还的债务。负债一般是由于家庭为了获得资产而形成的，如为了购买自住房而形成的房贷、为了投资而形成的流动资金贷款。因此，与资产相对应，负债一般划分为消费性负债、投资性负债和自用性负债。消费性负债是透支信用借钱来消费，在结算时点处所积欠的余额；投资性负债是扩张信用借钱来投入投资性资产的借款余额；自用性负债是用来购买自用资产如汽车和房屋的抵押贷款的余额。

(5) 净资产。净资产是家庭所拥有的对资产的净权益。净资产是资产扣除负债后的余额。

2. 流量——收入和支出

收入和支出是流量的概念，揭示的是某一个时期家庭的收支情况，收入扣除支出形成储蓄，收支储蓄表反映了一个家庭某一时期的收支及储蓄形成的情况。在家庭理财过程中，通常以收入循环一次的时间作为确定流量的期间。收入表现为一定的资产增加或负债减少，支出表现为资产的减少或负债的增加。例如，家庭旅游导致现金支出的同时，并没有资产的获取。

3. 储蓄

储蓄是收入扣除支出后家庭财产所获得的增加，收入扣除支出就是资产或负债的净变化额。两者净变化额相加即净资产的增加额。

结合反映家庭财务状况的资产、负债和净资产，六个要素之间的变化关系如图 3－1 所示：

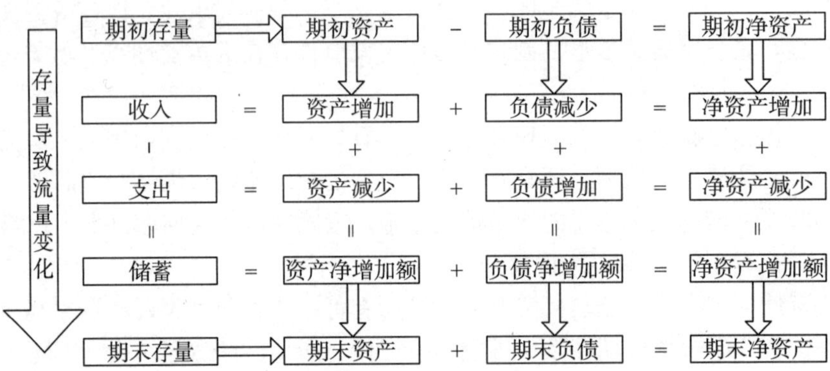

图 3－1　六要素的变化关系

由上图可知，家庭净资产的增加额来源于储蓄，收入增加了净资产，而支出减少了净资产，两者的变化相加就是净资产的增加额，即以成本计价的资产负债表：

当期储蓄＝本期期末的净资产－上期期末的净资产

我们可用此等式来钩稽记账的准确性。不过，如果将资产重估增减值或市价变动后未实现的资本利得或损失作为净资产调整项目，原来得出的期初期末净资产的变动额和当期储蓄额之间的恒等式就不再成立，调整后的等式为：

当期净资产变动额＝当期储蓄额＋当期资产重组调整额＋当期未实现资本利得或损失额

准确理解流量和存量的概念以及熟练掌握收入、支出、储蓄、资产、负债、净资产之间的关系，对编制家庭财务报表乃至理财规划而言都是极其必要的理论基础。

（二）权责发生制与收付实现制

权责发生制与收付实现制是会计账务处理的两种可供选择的基础。权责发生制，又称应计制，是以导致收入实现和费用发生的“行为”的发生时间为准，来确认收入和费用的一种会计核算基础。收付实现制，又称现金制，是以收入带来的现金“收到”的时间和由费用导致的现金“付出”的时间为准，来确认收入和费用的一种会计核算基础，即有现金流入或流出时才记账。两者收入和费用的确认标准不一致，导致时间上可能会产生差异，由于权责发生制以发生的“行为”为标准，与现金收支可能会产生时间上的差异，会发生应收账款或应付账款。权责发生制核算的结果能够客观地反映核算对象的利润，但不能直观反映现金流量，对于家庭理财而言，现金流量是追求财务自由的保证，利润是在风险控制之后才考虑的因素，因此现金流量比利润更重要。对一般家庭而言，记账采用收付实现制记账与权责发生制记账的主要差异发生在信用卡的使用和缴款时。如果采用权责发生制记账，刷卡时就已经可以拿到货物或使用卖方提供的服务，也拿到了卖方的发票，因此应该在收支储蓄表上记支出，把已签账而未付现的款项视为应付账款，但只要在宽限期限内把信用卡债务缴清，已签账的卡债就不需要支付利息。如果一个家庭每月签账金额变化不大，且都是在宽限期前缴清，就可以使用收付实现制记账，在以现金转账支付信用卡账单时，才记为支出。不过仍要保留签账单，作为预期短期现金流出（还信用卡债务义务）的依据。

（三）成本价值与市场价值

非现金资产的成本价值，可以以购入时所支付的现金额计算。但在每个记账基准日计算资产时，要考虑各项资产当时的市场价值。成本价值和市场价值之间的差异，就是账面上的资产损益。编制资产负债表时，最好将以成本计价和以市值计价的两大报表一同并列，一方面可看出资产损益，另一方面两表的含义各不相同，便于对照理解。以市值计价的资产负债表，可以正确显示家庭净财富的当前价值。计算市值，除那些市价可以随时获得的公开发行的股票、债券或基金等金融资产外，实物资产，如房屋、汽车或收藏品，也要定期评估，以反映其变现价值。那么，当个人、家庭持有的资产市价变动时，或有形资产随时间损耗，是否应该根据市价调整资产负债表或计提折旧？因为是个人、家庭的资产负债表，所以不必像公司一样要遵守公认的会计准则，可依据个人投资的目的或持有期限来做一些灵活的处理。不同资产的处理方式如下所述。

1. 资产重估

资产重估的增减要列入净资产变动额中。当处置资产时，其损益要以最近年度重估后的价值为成本来计算。

2. 市价损益

对市价变动频繁且有客观依据来评判的上市公司股票、国内基金和海外基金等，应于每期编制资产负债表时，将未实现的资本利得或损失反映在当期净资产的变动上。公司会计在处理这类资产时，本着审慎性原则，一般采用成本和市价孰低法则，只计提短期投资跌价准备或长期投资减值准备等备抵科目，不计提未实现资本利得。不过，对个人、家庭而言，资产负债表主要是给自己参考，可以忠实反映投资的账面损益。需注意的是，每期调整时要以上一期调整后的市值为比较基准。

二、编制家庭资产负债表

（一）存量要素分类

家庭资产负债表反映了家庭的存量信息，即资产、负债与净资产三者之间的关系。在资产负债表中对三者按用途进行了分类，以便能更好地分析家庭财务状况，具体分类方法如表 3－1 所示。

表 3－1 存量要素分类表

<table>
<tr><th colspan="3">类 别</th><th>用 途</th><th>项 目</th></tr>
<tr><td rowspan="3">生息资产</td><td colspan="2">流动性资产</td><td>满足家庭的紧急备用金的需要</td><td>现金、活期存款、货币市场基金</td></tr>
<tr><td rowspan="2">投资性资产</td><td>金融资产</td><td rowspan="2">获取投资回报或实现资产保值增值</td><td rowspan="2">金融资产：定期存款、外币存款、股票、债券、基金、保单现金价值、养老金个人账户余额、医疗和住房公积金个人账户累计额、债权
实物资产：投资用房产、黄金、首饰、珠宝或其他收藏品等</td></tr>
<tr><td>实物资产</td></tr>
<tr><td colspan="3">自用性资产</td><td>自己享用，获取效用</td><td>自用房产、自用汽车</td></tr>
<tr><td colspan="5">总资产＝流动性资产＋投资性资产＋自用性资产</td></tr>
<tr><td colspan="3">消费性负债</td><td>弥补日常生活支出不足而透支信用借钱消费</td><td>信用卡借款
小额消费信贷</td></tr>
<tr><td colspan="3">投资性负债</td><td>为购买投资性资产而扩张信用借钱</td><td>投资用房贷
金融投资借款
实业投资借款</td></tr>
<tr><td colspan="3">自用性负债</td><td>为购买自用资产而产生的负债</td><td>自用房贷、自用车贷</td></tr>
</table>

续前表

总负债＝消费性负债＋投资性负债＋自用性负债
净值＝总资产－总负债 ＝(流动性资产＋投资性资产＋自用性资产)－(消费性负债＋投资性负债＋自用性负债) ＝(流动性资产－消费性负债)＋(投资性资产－投资性负债)＋(自用性资产－自用性负债) ＝流动性净值＋投资性净值＋自用性净值

(二) 家庭资产负债表的编制基础

如果是第一次编制家庭资产负债表，需要把所有资产负债凭证进行仔细整理，以便今后记录资产和负债的变动额。

1. 现金

现金以月底盘点余额为基础，在月结日清点手边现金，如果记账是以家庭为单位的，则需加总家庭成员的手边现金额。

2. 活期存款

以月底存款余额为基础，如果有数个不同的银行账户，则要加总各账户在月结日当天的余额。

3. 金融性资产

金融性资产的成本和市值凭证包括定期存款存折、股票交易记录、投资基金收益凭证以及延期收益和保单价值等，还应确定定期存款金额，股票名称和股数，基金种类、名称和单位数。股数或单位数乘以取得单价就是取得成本，股数或单位数乘以结算日的市价就是结算日的市值。有关股票收盘价、投资基金净资产价格的数据可由网络、有线电视、报纸、基金公司或银行处取得。

此外，由个人工资薪金所得按一定比率缴费形成的住房公积金和养老金等账户，虽然必须符合一定条件才可以领取，但所有权属于职工，也可计入金融性资产中。

保单的现金价值在编制资产负债表时常被忽略。如果投保的是定期寿险、意外险、产险、医疗险等费用性质的险种，保单现金价值本来就不高，是否列入资产影响不大。但如果投保了终身寿险、养老险、子女教育储蓄年金、退休金、短期储蓄险及其他分年期付或期满一次付清的险种，只要投保两年以上，就有保单的现金价值。投保时间越久，保单现金价值占资产的比重越大，绝对不可以漏列，否则每年缴的保费中属于储蓄那部分被当做费用，会低估年储蓄额及资产总额。担保现金价值可参考保单上的记录。一般是以保单周年为准，列出满两年后每年的现金价值。如果每月编制资产负债表，在缴保费当月调高保单现金价值即可，不需要每月调整。

4. 房地产

房地产的成本和市值由房屋权属证明确定房屋面积，由商品房购销合同上的总价款加上各项购房时需支付的税费确定取得成本。通常我们用市场比较法评估房产当前的价格，以每平方米市价乘以面积平方米数估计房地产的市值。如果是投资用房地产，假如店面有租金收入，则可以简单使用收入还原法来计算市值，即市价＝房租/收入平均收益率，如100平方米的店面房租每月5 000元，店面的市场平均收益率为5%，则该店面的预计市价为：

店面市价＝(5 000×12)/5%＝120(万元)

每平方米价格＝1 200 000÷100＝12 000(元)

5. 其他耐用消费品的估价

一般而言，自用汽车一落地就折价，且使用五年后的残值所剩无几。资产负债表上如果要显示自用汽车的价值，就要参考同品牌的二手车行情。其他资产，如有增值可能的古董或收藏品需要定期估价；一般家具、电器等耐用消费品，只能以旧货商的收购行情计价。

6. 应收款项

借给他人的款项如果确定可收回，以借出额为应收款项的市值。但如果回收无望或回收概率较低，则应该比照企业会计计提坏账准备，将应收账款成本按照回收概率打折来计算市价。

7. 负债的余额

房贷、车贷和小额信贷最近缴款通知单上所载的余额减去本期的本金还款额，就是负债余额。

信用卡的循环信用余额＝上月未还余额＋本月应缴款额－本月实际缴款额

这一项可由信用卡缴款通知单和缴款收据共同确认。

（三）家庭资产负债表的编制注意事项

1. 时间确定

资产负债表是一个存量记录，反映的是其在一时点的存量，在编制资产负债表时首先要确定时点，即月末、季度末或年末。

2. 特殊项目

(1) 保单现金价值。由于投资型保险和储蓄型保险能够累积现金价值，因此，其现金价值视为投资性资产。

(2) 投资用房产。除了自用房产外，以收取租金或赚取买卖价差为目的的投资用房产视为投资性资产。

（3）养老、医疗、住房公积金账户余额。养老保险、医疗保险、住房公积金都有个人账户，由于个人账户的累积额可累积生息，它们被视为投资性资产。

（4）债权，即借给他人的款项。如确认可以回收，以借出额记成本；预计无法回收的部分应提呆账，以反映其市场价值的减少。

3. 清点与评估

第一次做资产负债表时，要清点家庭资产并评估价值，成本与市价分别记录，并计算账面损益。

4. 市价计量

以市价计量的资产及净值可以反映个人的真实财富。

5. 折旧

汽车等自用资产可提折旧以反映其市场价值随使用而降低。

6. 坏账（呆账）

债权预计无法回收的部分应提呆账，以反映其市场价值的减少。

编制家庭资产负债表如表 3-2 所示，特别要说明的是，家庭资产负债表不同于企业资产负债表，家庭资产负债表中的项目理财规划师要依据客户家庭财务状况自行制定。

表 3-2　家庭资产负债表

资产		负债及净值	
项目	金额	项目	金额
流动资产		消费负债	
现金		信用卡欠款	
人民币活存		小额消费信贷	
其他流动资产		其他消费性负债	
小计		小计	
投资资产		投资负债	
人民币银行定存		金融投资借款	
外币银行定存		实业投资借款	
股票投资		投资性房地产按揭贷款	
债券投资		其他投资性负债	
基金投资		小计	
实业投资		自用负债	
投资性房地产		自用房地产贷款	
保单现金价值		自用汽车贷款	

续前表

资产		负债及净值	
项目	金额	项目	金额
其他投资性资产		其他自用贷款	
小计		小计	
自用资产		负债合计	
自用房地产		净值	
自用汽车		消费净值	
自用其他资产		投资净值	
小计		其他净值	
资产合计		净值合计	

三、编制家庭收支储蓄表

家庭收支储蓄表用来反映一定时期内家庭收支及储蓄状况，是对一定时期内家庭财富增长的总括反映。编制家庭收支储蓄表首先要了解家庭收入和支出的基本概念以及确认基础。

（一）收支储蓄表的结构

家庭收支储蓄表反映的是一定时期家庭流量信息，由收入、支出和储蓄三部分构成，为了更好地分析收入的质量和支出的控制，在收支储蓄表中对三者进行了分类，具体分类如表 3-3 所示。

表 3-3　收入、支出和储蓄

类别		获取、支出方式	项目
收入	工作收入	付出脑力、体力获得	工资、薪金、佣金、奖金
	理财收入	持有或变现资产获得	利息、股息、红利、房租、变现资产利得或损失
总收入＝工作收入＋理财收入			
支出	生活支出	用于家庭日常开支	生活费、学费、赡养费、房租
	理财支出	用于投资项目	利息支出、保费支出、基金手续费、理财顾问费用
总支出＝生活支出＋理财支出			
总储蓄＝总收入－总支出＝（工作收入＋理财收入）－（生活支出＋理财支出） ＝（工作收入－生活支出）＋（理财收入－理财支出） ＝工作储蓄＋理财储蓄			

（二）收入、支出口径确认

1. 收入口径确认

在编制家庭收支储蓄表时，需要对收入的口径进行确认。可运用收入是扣除个人所得税后的总收入，包括划入个人账户的延期收入。可支配收入是税前收入扣除三险一金和个人所得税后的收入，这一部分收入可以由个人自由支配。收支储蓄表中的收入是总收入，也就是可运用收入。可支配收入和可运用收入之间的关系如图3－2所示。

可支配收入＝税前工作收入－医疗保险费－事业保险费－养老保险费－住房公积金－个人所得税

可运用收入＝可支配收入＋养老保险费＋医疗保险＋住房公积金

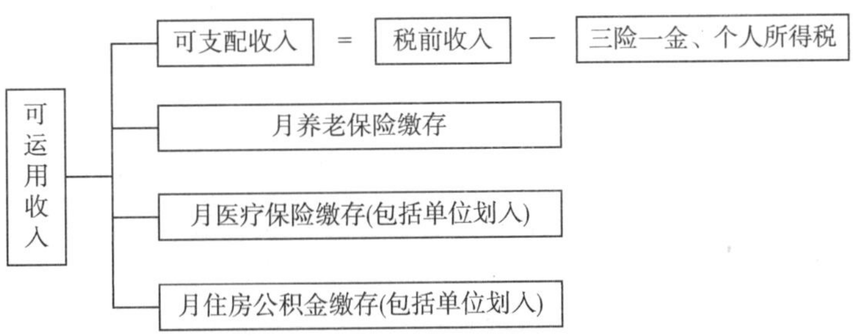

图3－2　可支配收入与可运用收入之间的关系

2. 支出口径确认

支出口径确认要区分支出和延期收入的关系。支出是支付给他人，对自身而言是为获取某项利益或权利而付出的费用；延期收入是为未来的效用而积累的资产，因此，支出形成费用或成本，而延期收入形成的是资产，如保障型保单支出形成的是支出，而具有保单价值的寿险保单形成的是资产。

（三）编制基础

（1）已实现的资本利得或损失是收入科目，未实现的资本利得如果要列入的话，是使期末资产和净资产同时增加的调整科目，不显示在收支储蓄表中。

（2）期房预付款是资产科目不是支出科目，每月房贷缴款额应区分本金利息，利息费用是支出科目，房贷本金是负债科目。所有的资产负债科目都会以期初、期末差异显示在净资产储蓄额中。

（3）保险费中产险保费多无储蓄性质，因此属于费用科目。基本医疗保险、寿险中的定期寿险、失能险、意外险、健康险等以保障为主的保险，其保费属费用性质，应列为支出科目。终身寿险、养老险、教育年金、退休年金中有保单现金价值的部分是储蓄性质，应列为资产科目。如可以将养老险的保费分为两部分，实缴保费和当年保单现金价值增加额（可由保单中看出）的差异部分作为保险费用，现金价值增加额的部分当做资产累积。储蓄险的保费如同定期、定额投资一样，相当于以储蓄累积资产，因此保费不列入理财支出而列入净资产储蓄额中。

（4）从个人工资薪金中扣款拨入个人基本养老金账户和个人住房公积金账户，是一种限定用途的强迫储蓄，因此应该列入储蓄的运用项目而不是支出项目。

编制个人收支储蓄表可繁可简，视个人的时间和需求而定。如果无法每日记账，但仍想对支出做到细致地控制，可提高信用卡的使用比率，让信用卡账单来帮助自己记支出明细账。现在信用卡的特约商店极为普遍，涵盖了食、衣、住、行、育、乐的种种需求，也可以用信用卡在网上购物、缴保费。当然要缴信用卡还款额时还是由活期存款账户转账缴款，此时活期存款账户是自己的总账，信用卡的费用明细是明细账，可以清楚地知道自己何时在何地消费。除此之外，水费、电费、煤气费、电话费也可申请由活期存款账户按月转账缴款。利用银行的活期存款账户及信用卡月结单来帮助自己写理财日记，就可以很轻松地掌握每月的收支储蓄及资产负债变动状况。了解上述个人账务和报表制作的整体概念，对个人投资理财决策极有帮助。

（四）注意事项

（1）贷款的利息作为支出，而本金的偿还作为资产负债表项目的调整。

（2）保险型保费作为支出。

（3）储蓄除满足短期目标（自由储蓄）外，最终会形成资产或负债的减少（固定用途储蓄）。

（4）调整的收入和现金流入，支出和现金流出并不等价，二者之间的差额形成的是资产负债表的调整项目。

家庭收支储蓄表如表 3-4 所示。

表 3-4 家庭收支储蓄表

项目	金额
工作收入	
薪资收入	
养老保险储蓄	
医疗保险储蓄	
住房公积金储蓄	
其他工作收入	
减：生活支出	
其中：家计支出	

续前表

项目	金额
子女教育支出	
其他支出	
工作储蓄	
理财收入	
利息收入	
资本利得	
减：理财支出	
其中：利息支出	
保障型保费支出	
其他理财支出	
理财储蓄	
储蓄	
减：养老保险储蓄	
住房公积金储蓄	
自由储蓄	

四、编制家庭现金流量表

现金是家庭的即付资金，是满足家庭日常生活支出和应急准备的必备资产。现金流量是家庭理财规划过程中一个非常重要的考察对象。编制现金流量表正是对家庭一定期间现金和现金等价物流入和流出的综合反映。

（一）编制项目

1. 现金及现金等价物

现金是指家庭的手持钞票或随时可以用于支付的银行存款，如活期存款、定活两便存款。定期存款由于也可以由储户自由决定是否提前支取，因此，定期存款也可视为现金。现金等价物是指持有期限短、流动性强、易于转换为已知金额现金、价值变动风险很小的投资，如短期的国库券等。现金等价物最为显著的特点就是流动性强和价值变动风险小，如银行的理财产品由于未到期之前不能提前支取，变现能力差，因此，即使是短期如 30 天的理财产品，也不能划分为现金等价物；股票投资虽然流动性很强，但由于其价值变动风险很大，因此，也不能视为现金等价物。

2. 现金流量与收入支出

在家庭财务报表中，收入和支出的确认基础是收付实现制，即以收到或支出现金作为确认收入和支出的标准，因此，当确认收入时，表示现金流入；当确认支出时，表示现金的流出。但并不能因此将收入与支出和现金注入与现金流出视为相同指标。首先，从量的方面，现金注入不一定是收入，如将股票投资以成本价变现，只是将一种资产转换为另一种资产；反之，现金流出不一定是支出，如投资购入股票，只是将现金资产转换为投资性资产。其次，收入和支出只是现金流入和流出的方式和手段，而不是现金流量本身。综合以上两点，家庭的收入和支出产生了现金流量，但收入和支出并不是产生现金流量的唯一来源，除收入和支出外，资产负债表的调整项目也会使现金流量发生变动。

（二）现金流量表的结构

现金流量根据用途可以分为生活现金流量、投资现金流量、借贷现金流量和保障现金流量四类，如表 3-5 所示。

表 3-5 现金流量分类

类别	项目	数据来源
生活现金流量	工作收入	收支储蓄表
	生活支出	收支储蓄表
投资现金流量	投资收益	收支储蓄表
	资本利得	资产负债表
	投资赎回（实际发生）	资产负债表
	新增投资（实际发生）	资产负债表
借贷现金流量	借入本金	资产负债表
	利息支出	收支储蓄表
	还款本金	资产负债表
保障现金流量	保费支出（保障型保费）	收支储蓄表

（1）工作收入是指增加家庭现金流入量的可运用收入，即扣除所得税后的税后收入或可支配收入加上三险一金。

（2）生活支出来源于收支储蓄表中的生活支出总额。

（3）投资收益来源于收支储蓄表中的理财收入总额，如果亏损，用负数填列。

（4）资本利得是指本期变现投资的成本与变现价值差额，如果亏损，用负数填列。

（5）投资赎回、新增投资、借入本金和还款本金四个项目按资产负债表中投资性资产分项计算后分别按总额填列。

（6）利息支出按收支储蓄表中利息支出项目填列。

（7）保费支出按收支储蓄表中实际发生保障型保费填列。

（三）现金流量表的编制注意事项

（1）保障现金流量中，只包括保障型保费，储蓄型保费由于会形成现金价值，是一种投资行为，因此，储蓄型保费应作为投资现金流量。

（2）有关资产负债表项目中的调整项目，涉及现金流量的项目填列在该表中，资产重估增减值或未实现资本利得损失不能列入，因为没有实际产生现金流量。

现金流量表格式如表 3－6 所示。

表 3－6　　现金流量表

项目	金额
生活现金流量	
工作收入	
生活支出	
生活现金流量净额	
投资现金流量	
投资收益	
资本利得	
投资赎回（实际发生）	
新增投资（实际发生）	
投资现金流量净额	
借贷现金流量	
借入本金	
利息支出	
还款本金	
借贷现金流量净额	
保障现金流量	
保费支出（保障型保费）	
保障现金流量净额	
本期现金及现金等价物增值	

（四）现金流量表、资产负债表和收支储蓄表三者的关系

明确三张家庭财务报表之间的关系一方面有利于财务报表的编制，检验财务报表编制的正确性，另一方面有助于对财务报表项目的理解。

三张家庭财务报表相互关系主要体现在以下两个方面：

（1）现金流量表中现金流量的变化包括由收支引起的储蓄的增加，还包括资产负债的

调整，即现金流量增加净额等于储蓄和资产负债调整现金流量。因此，现金流量表与资产负债表、收支储蓄表的钩稽关系表示为：

期末现金＝期初现金＋现金流入－现金流出

＝期初现金＋储蓄＋资产负债调整现金流量

＝期初现金＋理财储蓄＋工作储蓄＋资产负债调整现金流量

（2）收支储蓄表与资产负债表之间的关系表现为储蓄与净资产之间的变动。若以成本计价，资产负债表净值增加应等于储蓄额；若以市价计价，资产负债表净值等于储蓄额加上资产账面价值变动额。两者关系表达如图 3－3 所示。

资产负债表中净资产的增加额为资产账面价值变动和由于储蓄增加的各项资产增加额或负债减少额。如果资产以成本价计价，则资产账面价值变动为 0，储蓄等于净资产的变动额（各项资产增加额或负债减少额）。

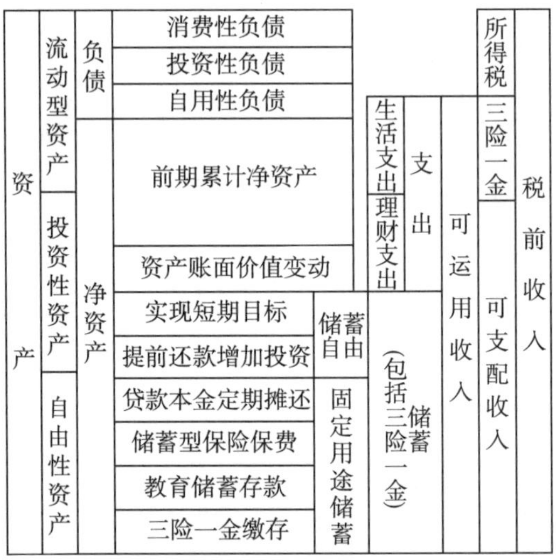

图 3－3 收支储蓄表与资产负债表的变动关系

五、家庭财务结构分析

家庭财务报表编制目的在于通过对客户家庭财务信息条理化，更加明晰地了解客户的财务状况。但仅仅依据编制财务报表并不能达到全面、细致、深入地了解客户财务状况的要求，财务分析应用财务分析方法体系，对客户财务报表所反映的数据进行深入分析，以期达到对客户财务状况的全面、深入剖析，为后续编制理财方案提供依据。

（一）家庭财务结构分析

所谓家庭财务结构分析是指通过比较家庭财务报表自身结构数据，分析流量和存量结构是否符合生命周期特征以及对理财目标的影响。

结构分析包括家庭资产负债表结构分析和家庭收支储蓄表结构分析。家庭资产负债表结构分析主要分析家庭负债比例是否合理，负债与资产的配置是否相一致，以及导致家庭负债比例不合理的原因；家庭收支储蓄表结构分析是通过不同类型的收入和支出比例分析，判断家庭的收支结构和生命周期是否一致。

（二）家庭资产负债表结构分析

考量家庭财务结构主要是考量其资产、负债的配置以及负债与资产比例是否合理。

1. 负债比率

在考量家庭财务结构时，主要考量的是负债比率。

负债比率越高，财务负担越重，如果收入不稳定，无法还本付息的风险也越大。消费性负债有消耗性质，应该尽量避免，借钱来投资应按期结算损溢后还清，自用资产负债则应考虑还款能力。因此，我们对各负债比率的构成要素进行如下简要分析。

总资产(TA)＝流动性资产(CA)＋自用性资产(UA)＋投资性资产(IA)

总负债(TL)＝消费负债(CL)＋自用资产负债(UL)＋投资负债(IL)

负债比率＝(TL)/(TA)

＝($UL+IL+CL$)/(TA)

＝自用资产贷款额/自用资产市值

自用房地产通常占自用资产的比例最大，自用资产贷款额通常是以自用资产为抵押标的物来申请借贷的额度。如果无其他自用资产，则该比例＝房贷额/自用房地产市值＝房贷成数，银行的核贷标准一般为70%～80%。随着房贷经过数年还款后，此比率会逐步走低。但在房地产市值大幅下降的情况下，房贷比率也有可能反向走高。日本、中国香港及中国台湾中南部皆曾出现房地产市值低于房贷额，自用净资产成负数的情况。房贷负债方面通常以等额本息方式偿还，因此房贷负债通常是逐渐减少，房地产净资产的增加来自房贷余额的降低。

2. 流动净资产、自用净资产和投资净资产分析

流动净资产可以用来随时支付紧急的开销。自用净资产的特征是，自用资产的价值相对较稳定，尽管自用房地产可能增值但也会折旧，而自用汽车更是只有折旧少见增值，但其价值的波动程度不大。

净资产中自用净资产比重较大的，总净资产多随负债的减少缓慢成长。净资产中投资性净资产比重较大的，因投资负债固定但投资资产市值随行情有较大幅度的波动，总净资产上下的起伏较大。当运用负债投资时，因为贷款利率高于存款利率，不可能出现借钱来存款的现象，一定是借钱来投资那些收益率有机会超过贷款利率的创业或股票、基金等投资。但不管有无获利，时间到一定要还钱，因此，投资负债的比重越大，投资净资产波动的幅度越大。

资产负债表中完全无负债的人，即使是投资性资产全放存款，在房价持平或仅能随物

价微涨的年份，投资性资产的获利还是比以前提供使用价值为主的自用资产要高。在趋势分析上，在购房前房地产权数为零，如果负债比率高就表示融资比率高，是以扩大信用的方式在金融市场投资。购房后房地产权数大增，如果加上高房贷权数，即使融资比率为零，负债比率还是可能在50%以上。因此，光从负债比率高不能断定家庭整体财务风险高，还要看其组合的具体构成。

一般而言，家庭的总净资产在购房后5～10年内以自用净资产为主，之后房贷逐渐还清，投资净资产又逐渐取回主导地位。有余钱就还房贷的人可早日还清贷款，缩短自用净资产主导期间，转换至投资净资产主导以准备退休金。但如果不断地换更大的房屋借更多的贷款，则可能一辈子都会以自用净资产为主。当退休时没有什么投资却有一栋无贷款的大房子，便可考虑出租大房子另租小房子，创造现金流量，供养老之用。

关于市场变化对家庭净资产的影响。如果房地产市场行情大幅下滑，在房贷负债依旧的情况下，自用净资产会大幅降低，在房屋市值低于贷款额时，自用净资产会成为负数。如果投资性资产是以股市投资为主，则股市行情的变动对投资净资产的影响会很大。股市大幅下跌时投资借款还是要还的，此时投资净资产会大幅降低，甚至变成负净资产。因此，一个家庭受到房地产和股市变动的影响有多大，只要看其资产结构及其净资产结构即可。

3. 通过资产负债天平对客户进行理财诊断

资产和负债是理财天平的两端，资产高于负债者天平往资产一方倾斜，会产生净资产的“筹码”来使天平重新平衡。少数人负债高于资产，当务之急是获取资产以减少负债的净收入才能恢复平衡。

负债状况不同的家庭，理财的重点也不同。

(1) 资产远高于负债、净资产超过未来一生所需或高于未来遗产税免税额的殷实家庭，理财的重点是节税而非继续创造更多的资产。此时的投资应重守成而非冒不必要的风险追求高报酬率。如果节税规划得当的话，多移转20%的税后资产给下一代并非难事，将应税遗产通过以后每年的赠与免税额逐年转为免税遗产，就好比把自己天平上资产的筹码移到下一代的天平上，当自己的资产和负债接近平衡时，以净产来计算的遗产就会少多了。

(2) 资产略高于负债的一般家庭，净资产相当于未来一生所需，不用特意考虑财产转移节税规划，理财的重点是衡量未来资产负债的可能变化，提前做好准备，避免负债大于资产。退休后如果已累积的资产所能获得的理财收入低于生活支出时，就要开始变现资产，生息资产变现殆尽还不够时，就要处置自用住宅，再不够时就会沦为负净资产，成为需要救济的人。

因此，在退休之际努力累积足够晚年生活所需的净资产，是一般家庭理财的最终目标。资产负债天平也可以用来衡量保险的需求。一般家庭当资产减损而负债依旧时，为了避免天平倒向负债的一端就要购买保险，以理赔金或保险给付的筹码加注在资产上，使天平恢复均衡状态。房子被火烧掉，生计负担者死亡或失能，都会使家庭天平一夕间倒向负债端，因此要买足应有保障来预防万一。殷实家庭可变现资产足以应对任何突发状况，此时应以净资产高于遗产税免税额的部分投保终身寿险，降低应税资产以节税。

（三）家庭收支储蓄表结构分析

1. 支出比率

支出比率＝总支出（TE）/总收入（Y）

＝［消费支出（C）＋理财支出（F）］/总收入（Y）

＝消费率＋财务负担率

消费率＝消费支出（C）/总收入（Y）

财务负担率＝理财支出（F）/总收入（Y）

各个影响因素分别说明如下：

（1）消费率＝消费支出/总收入。

消费支出指日常的食、衣、住、行、育、乐、医疗等各项支出。消费支出为总收入的函数。赚钱多的人自然花得多，但是并非成等比关系。经济学上的消费函数，可写作 $C=A+BY$，A 是基本消费额，是即使所得为零仍需支出的基本生活需求；B 为边际消费率或边际消费倾向，是指每增加 1 元所得而增加的消费金额，通常边际消费率为 30%～60%。如家庭的年基本支出为 3 万元，某家庭的收入为 10 万元，消费支出为 7 万元，可算出边际消费率为 40%，即 $B=(C-A)/Y=(7-3)/10=40\%$。一般而言，所得越高边际消费率越低，所得越低边际消费率越高，所以我们说消费率会随着总收入的变化而变化。

（2）财务负担率。

理财支出指利息支出和保障型寿险和产险的保费支出，以及为了投资所支付的交易成本或顾问费用。投资亏损通常视为负的理财收入，是总收入的减项，而不是理财支出。财务负担率一般以利息支出占总收入的 20%，保障型保费支出占总收入的 10% 为合理上限，因此，合计不应超过总收入的 30%。

2. 自由储蓄额

自由储蓄额＝总储蓄额－已经安排的本金还款或投资

后者包括当月拨入个人住房公积金账户和个人基本养老金账户的金额、房贷应定期摊还的本金额、应缴储蓄型保费额，应缴基金定投资金额等。自由储蓄就是一般人所认定的储蓄额，是可以自由决定如何使用的储蓄。

自由储蓄率＝自由储蓄额/总收入

还本投资率＝储蓄率－自由储蓄率

自由储蓄率可以以 10% 为目标。如果以储蓄险或定期定额投资基金来准备子女教育金和退休金，并通过定期还贷来完成购房计划的话，剩下的自由储蓄额就可以用来实现一些计划外的短期理财目标。如可以用来规划国内外旅游、添购家具电器或用做节日消费准备金，也可以用来提前还清贷款。通常在收入增加的月份，如发放年终奖金和红利时，会有比较高的自由储蓄额可供规划安排。

3. 收支平衡点的收入

收支平衡点分析的主要目的是以积极的方式算出要享受哪种程度的当前及退休后的生活水平，家庭应当创造多少收入才足以支应，有量出为入的概念。但当提升收入不是那么容易时，就要考虑降低固定费用支出的部分或者是提高工作收入净结余比率。所得税扣缴和五险一金扣缴非自己可控制，但交通和个人在外用餐费用较有弹性，仍可借由此项控制提高收入净结余比率。

收支平衡点的收入＝固定支出负担/工作收入净结余比率

固定支出负担包括每月固定生活费用支出、房贷本息支出等近期内每月固定要流出的支出。

工作收入净结余＝工作收入－所得税扣缴额－三险一金的缴费额－为了工作所必须支付的费用(如通勤的交通费或停车费、中午在外用餐伙食费或必要的置装费月分摊额)

六、家庭财务比率分析

家庭财务比率分析是通过比较不同报表之间或报表与表外其他信息所获取数据之间进行对比，对客户的理财目标、效果或类型做出判断。

(一) 净值成就率

净值成就率＝目前的净资产/(目前年储蓄×工作年数)

该指标考量的是自工作以来的理财成绩。指标的设计中，分母假设随着工作年限的增长，储蓄也在增长，即储蓄有成长率。应有净值用目前的年储蓄计算，目前年储蓄也是以前年度储蓄按成长率计算的终值，用各年的年储蓄终值乘以工作年数，表示历年来储蓄本金与储蓄按成长率获取收益的总额。分子是目前的净资产，是历年储蓄与投资的结果。因此，当投资报酬率大于储蓄成长率时，该指标大于1，该指标越大，表明历年来的投资报酬率越高，理财效果越好。

(二) 资产成长率 (假设无负债)

该指标考量的是家庭财富增加的速度。假设在无负债的条件下，资产的变动额即为净资产变动额，若资产以成本计价（即不考虑未实现的资本利得)，该变动额即为本期储蓄。据此对该指标进行的分解如下：

资产成长率＝资产变动额/期初资产

＝工作储蓄/期初总资产＋理财储蓄/期初总资产

财富增加的途径主要有以下几个方面：

（1）增加储蓄，即提高工作储蓄率。

（2）提高收入，即提高资产周转率。

（3）增加生息资产，即减少自用性资产比重。

（4）提高投资报酬率。

七、情境分析

通过致富公式来判断生涯状况发生变化时（结婚、离婚、生子、失业、创业、失能、购房、购车、中彩等），资产是否能够满足需求。

（一）致富公式

理财的目标是增加财务自由度，在最早的时间内使财务自由度提高。

财务自由度的提高有赖于净资产的积累，致富公式旨在考量净资产的积累速度。其公式表示为：

净资产增长率＝(工作储蓄＋理财储蓄)/(资产－负债)

这一公式将收支储蓄表和资产负债表结合在一起，可以从存量和流量两个方面共同考察净资产的增长因素。将公式分解可以得到影响净资产增长的所有存量和流量因素：

工作储蓄＝工作收入－生活支出－理财储蓄

＝生息资产×投资报酬率－负债×负债平均利率资产

＝生息资产＋自用资产

＝(流动性资产＋投资性资产)＋自用资产

依据上述对公式的分解，可以根据客户不同家庭生命周期阶段，寻求提高净资产增长率的因素。

1. 提升工资薪金储蓄率

在家庭形成期，净资产起始点低，工资薪金所得远大于理财收入，此时提升工资薪金储蓄率为快速致富的主要因素，储蓄的提高对净资产成长率的贡献较大。

2. 提高投资报酬率

在家庭成长期和成熟期，已累积了不少净资产，理财收入的比重会逐步提高，此时投资报酬率的提升便成为能否快速致富的决定性因素，投资报酬率对净资产增长率的提升越来越重要。

3. 提高生息资产占总资产的比重

自用性资产不能带来理财收入。在各项资产比重中，增加生息资产的比重能够快速提高净资产增长率。在家庭形成期，客观承受风险的能力比较高，可以考虑延缓购房或买车的时间，降低自用性资产比重，提高生息资产比重。

4. 降低工资薪金所得和理财收入比重

在家庭衰退期，必须使净值增长到能够使财务自由度高于支出的水平。因此，在家庭生命周期整个过程中，应逐年降低工资薪金所得的比重，降低方式不是通过降低工资薪金水平实现，而是通过提高理财收入占整个收入的比重来实现。在退休时，工资收入下降，理财收入比重提高。运用财务杠杆原理扩充信用来投资，当总投资报酬率高于负债利率时，净资产报酬率就会高于总投资报酬率，通过杠杆效应加速净资产的增长。

（二）人生变动模拟分析

可以用致富公式对可能或即将来临的生涯状况变动做模拟分析。人的一生会面临各种不同的际遇或关口，在家庭结构上如结婚、离婚、生子，在事业上如失业、失能、创业，在资本支出上如买车、购房，在财务决策上如借款投资，等等，这些状况都会对当前的财务状况带来一些冲击。利用致富公式可以对这些情境进行模拟分析，以考察这些情境的发生对资产的影响。

八、家庭预算的编制与分析

（一）家庭财务预算的编制与分析

家庭财务预算是在理财规划方案制定后，为保证预算的执行和控制而编制的，是理财规划方案执行的直接依据和执行效果的保证。

1. 编制财务预算

编制财务预算是为了对家庭理财方案的执行提供直接依据。在编制家庭财务预算时，首先要理清家庭财务预算的具体内容、预算编制的程序及基本原则。家庭财务预算分类根据编制的时间跨度可分为年度预算和月度预算。年度预算是在将家庭理财目标货币化的基础上，依据家庭的收支及资产负债状况而编制的年度执行计划，但在具体执行过程中，年度的执行计划由于时间跨度太长，可执行性差，因此，在年度预算编制完成后，还要依据年度预算编制月度预算，月度预算是最终的直接执行方案。

从预算涉及的对象分类，家庭财务预算可分为收入预算、支出预算、资本支出预算和储蓄预算。

（1）收入预算应考虑四个方面类型的收入，即工薪收入、经营净收入、财产性收入以及转移性收入。

工薪阶层包括传统的工薪阶层、以业务佣金为主要收入者和自由职业者。另外，一般工薪阶层除了每月领取固定薪金外，每年多少还有一些年度性的收入，如年终奖金、绩效奖金、员工红利、年度股利等。

（2）支出分为可控制性支出与不可控制性支出，可控制支出是家庭通过节约开支可以减少的支出，其决策点在现在或未来，如旅游、购物；不可控制支出是金额已经确定，无法通过家庭成员节支行为减少的支出，其决策点在过去，现在要做的只是履行过去的承诺，如房贷利息、房租支出。在预算中可控制支出需要经过计算确定，不可控制支出只需列出项目即可。

（3）资本支出预算用来购买自用住宅、汽车及其他耐用消费品，这些购置自用资产的支出，一次金额较大，其资金来源不是变现生息资产，就是分期付款或采用房贷、车贷。

（4）储蓄预算可划分为月储蓄预算和年储蓄预算。每个月固定的工资薪金、佣金、房租或利息收入，减掉每个月食衣住行、娱乐的固定开销和每个月应摊还的房贷利息，就是每个月应有的储蓄预算。

2. 家庭财务预算编制程序

编制家庭财务预算，必须明确编制的程序。家庭财务预算的编制程序如图 3－4 所示。

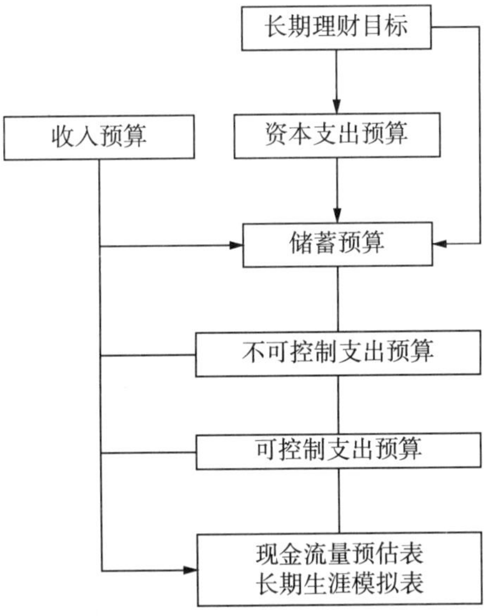

图 3－4　家庭财务预算编制程序

（1）设定长期理财目标，然后计算实现长期理财目标所需的年储蓄额。关于何时需要考虑货币时间价值及如何计算各项理财目标所需储蓄额，将在相关章节专门说明。例如，老王以目标并进法做生涯规划，每年都要储蓄，才能够实现退休、子女教育、购房等中长期理财目标。

（2）预测年度收入。收入稳定的公教人员或大企业的工薪阶层，可相当准确地预估年度收入。收入淡旺季差异大的佣金收入者或自营事业者，就要以过去的平均收入为基准，做最好和最坏状况下的敏感度分析。

(3) 计算年度支出预算目标。

年度支出预算=年度收入-年储蓄目标

(4) 将预算分门别类地划分为细目，作为将来执行预算过程中记账的类目。

3. 家庭财务预算编制的基本原则

(1) 按照自己能掌控的分类来编制，记账分类要与预算分类相同，以进行比较做差异分析。

(2) 预算应分为月预算和年预算，分别以当月差异及年度预算达成的进度来做追踪比较。

(3) 预算应分为可控制预算与不可控制预算，已经安排好固定金额支付的房贷还款、保费、定期定额投资、房租、管理费、所得税缴纳等通常不会发生差异的项目均属于不可控制预算项目。

(4) 金额及用途不确定的项目均应属于可控制预算项目，要做差异分析，每月检查改进。

(二) 预算表的编制

1. 收入预算表的编制

编制收入预算表首先要明确收入的来源及特征，如前所述，我国居民的收入来源主要有四个渠道，各个渠道的收入质量和数量有所不同，如表3-7所示。

表3-7 各个渠道收入的特点

收入来源	收入稳定性	收入成长性	收入中断风险
工薪收入	收入来源稳定； 有劳动法保障	依靠每年调薪； 奖金比重不高	下岗失业
经营净收入	视经营景气而定； 收入来源较不稳定	工商个体户有机会转型为私营企业	经营不善； 亏损甚至倒闭
财产性收入	利息收入与租金收入的稳定性较高	股票资本利得较高	房屋闲置； 股票无股息发放
转移性收入	视政府财政情况与子女负债能力而定	最多随着委托人调整	政府缩减社会福利； 子女无能力奉养

家庭收入预算表是依据现有收入实际计算的收入计算表，通过收入预算表可计算出家庭税前收入、税后收入、可运用收入以及可支配收入等各项指标。

收入预算表编制格式及编制方法如表3-8所示。

表 3-8　　收入预算表

序　号	项　目		金　额
1	工作收入	薪资	
2		加班费	
3		佣金	
4		奖金	
5		稿费	
6		其他	
7		小计	1+2+3+4+5+6
8	理财收入	存款利息	
9		租金收入	
10		营业所得	
11		资本利得	
12		转移性收入	
13		小计	8+9+10+11+12
14	税前收入合计		7+13
15	所得税扣除项目	起征点	按不同项目分别计算
16		养老保险	个人缴费部分
17		医疗保险	个人缴费部分
18		失业保险	个人缴费部分
19		住房公积金	个人缴费部分
20	所得税		按不同项目分别计算
21	可支配收入		
22	三险一金	养老保险	个人缴费部分
23		医疗保险	个人缴费+社保划入
24		住房公积金	个人缴费+社保划入
25	可运用收入		21+22+23+24

2. 储蓄（应有收入）预算表的编制

储蓄是为了未来理财目标的实现，在家庭满足维持日常生活费用需求的基础上，再加上理财目标对收入的需求，即为家庭应有的收入，公式表示为：

应有收入＝应有年消费支出＋购房贷款本息摊还额＋教育金储蓄＋退休金储蓄

储蓄预算表就是计算为实现未来理财目标而应有的收入。储蓄预算编制的步骤如图3－5所示。

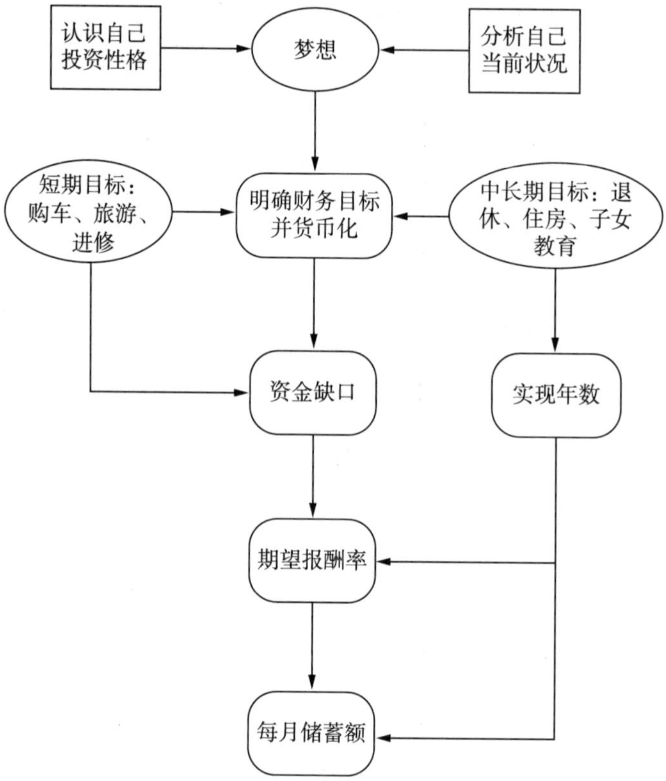

图3－5　储蓄预算编制步骤

理财规划师首先应和客户交流，依据客户当前的状况以及客户的投资性格做出正确判断；在此基础上，和客户明确理财目标并将理财目标货币化，分析客户对理财目标已有的资产配置，计算资金缺口（以上都考虑现值）；最后依据客户实现目标的时间和依据客户所能承受的风险所确定的投资报酬率，按货币时间的价值来计算客户每月的储蓄额。

月储蓄目标预算表如表3－9所示。

表3－9　　月储蓄目标预算表

理财目标	退休	子女教育	换房自备款	还贷款本金	购车	……
几年后实现（年）						
目前现值（元）						
费用增长率（%）						
届时需求额（元）						

续前表

理财目标	退休	子女教育	换房自备款	还贷款本金	购车	……
月强制储蓄（元）						
已配置资产（元）						
可累计金额（元）						
资金缺口（元）						
每月储蓄目标金额（元）						

3. 支出预算表

客户每月储蓄额确定后，收入扣除该储蓄额就是客户可以用来消费的支出。作为预算执行的直接依据，支出预算表中明确列示各项支出预算占支出预算的比重以及预算金额。具体格式如表 3-10 所示。

表 3-10　　支出预算表

项　目	分配比例	预算金额（元）
食品		
衣着		
家庭设备用品及服务		
医疗保健		
交通通信		
教育文化娱乐服务		
居住		
杂项商品及服务		
合计	100%	

特别要说明的是，支出预算中的内容是家庭预算执行、控制和分析的直接依据，预算在执行过程中，要通过账户记录手段来反映支出，因此，支出预算表中的项目应与账户记录的项目一致。

（三）家庭财务预算控制

对家庭财务预算进行有效的控制，必须首先对家庭状况有正确的认识，掌握可能提高家庭储蓄的方式，才能有效地对家庭财务预算进行控制。

1. 收入支出象限

家庭预算控制有三个步骤：(1) 认知需要；(2) 确定储蓄动机；(3) 确定开源节流的努力方向。认知需要是储蓄的动力，认知后的下一步是决定通过开源或节流来产生储蓄。最低所得家庭的年可支配收入小于消费支出，需靠借贷或政府救济。低所得户收支平衡甚至收不抵支，几乎没有余钱储蓄来实现未来的理财目标。可支配收入越高者，可以选择高储蓄或高支出。因此，规划时可以从自己家庭当前的收支情况入手。根据家庭收入与支出的情况，我们可以将家庭收支情况分为四种类型，即高收入高支出、高收入低支出、低收入高支出以及低收入低支出，将收入作为纵轴，支出作为横轴，据此可得出四个象限，如图 3-6 所示。

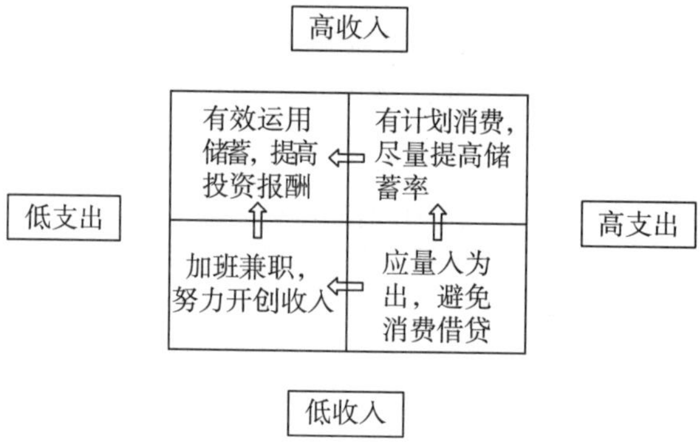

图 3-6 收入支出象限

(1) 高收入低支出者。

年收入超过 50 000 元但年支出低于 30 000 元者，赚得多花得少，已做到开源节流，储蓄率比一般人高。其理财重点是有效运用储蓄，积极投资来提高投资报酬率。不过也不要忘了理财的目的是为了过更好的生活，月赚 10 000 元只花 1 000 元的“游民富翁”恐怕并非平衡人生的理财方式。

(2) 高收入高支出者。

年收入超过 50 000 元但年支出高于 30 000 元者，赚得多花得也多，储蓄率比一般人低，其理财重点在于节流，以有计划地消费来杜绝浪费从而提高储蓄率。此时家用方面可节省的空间尚大，应制定一个完整的家计预算，将消费支出花在真正的需求上。具体而言，可检视自己在食、衣、住、行、育、乐方面哪一部分的花费远高于平均比例，来作为控制支出的重点项目。最好能设定一个阶段性目标，如预定要做到每月定期定额 1 000 元，则从现在开始每两个月多开一户 200 元的基金定投账户，在 10 个月内可达成目标。

(3) 低收入低支出者。

年收入低于 50 000 元且年支出低于 30 000 元者，赚得少花得也少，虽可保持一定的储蓄率，但因收入低，储蓄的金额并不高，仍不易达到丰富生活的理财目标。理财的重点在于开源，可以通过加班、兼职、换工作到高佣金的行业拼业绩、努力争取加薪或创业等方式，想办法提高收入从而提高储蓄的金额。

（4）低收入高支出者。

年收入低于 50 000 元但年支出高于 30 000 元者，赚得少却花得多，储蓄率比一般人低或为没有任何储蓄的月光族。在信用卡先享用后付款的诱惑下，有些人甚至支出高于收入，通过借贷透支消费。这类人第一步要量入为出，尽量避免消费借贷，然后拟订偿债计划，等到债务还清后再把还债的现金流转为储蓄的现金流。

2. 可能提高家庭储蓄的方式

依据收入、支出以及储蓄之间的关系，要提高家庭储蓄，无非是开源（增加收入）或节流（减少支出），或两者并重，图 3－7 显示了这一基本思想。

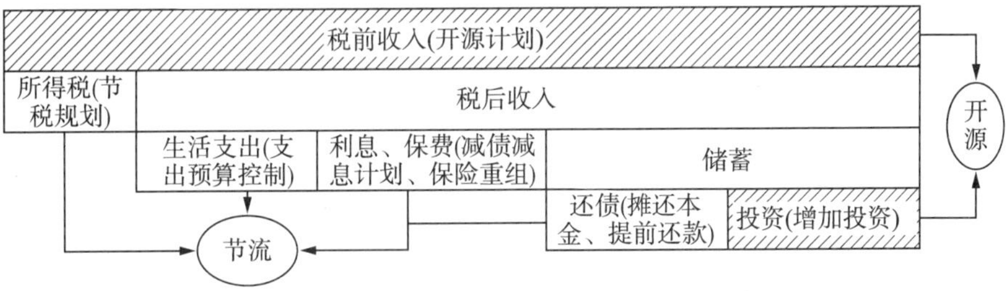

图 3－7　开源或节流提高家庭储蓄

（1）增加家庭工作收入。

课内讨论：通过哪些方式能增加家庭工作收入？

（2）增加家庭理财收入。

家庭理财收入＝投资性资产×投资报酬率

投资性资产的多寡短期内变化有限，而且投资报酬率通常也并非主观努力可以决定，只有等客观环境出现利息调高、股市上升、房租上扬时，拥有相关资产的人的理财收入才会增加。另外，投资时如果能顾及到节税的规划，或是利用手续费打折时投资，所省下的钱也可以作为理财收入。如果能通过借款扩大信用投资，当投资报酬率高于借款利率时，财务杠杆的作用会使理财收入大幅上扬。

（3）所得税节税计划详见税务筹划部分。

（4）降低家庭生活支出。

降低家庭生活支出对储蓄的累积而言，其实比增加工作收入的效果明显。如对所得税边际税率 20%的人而言，增加 1 000 元的收入税后只能增加 800 元，如果支出不变储蓄增加额为 800 元。但如果收入不变，支出减少 1 000 元，则储蓄就可以增加 1 000 元。

我们可以通过哪些方式可以降低生活支出但不降低生活品质？

1）省吃俭用。少上餐馆，少买衣服，尽量不买短期用不着的东西。2）善用折扣。在打折时才购物，同样东西以较低价格取得。3）多用公共交通工具。如地铁、公交车、火车，这样可节省交通费。4）制定支出预算。大额消费或旅游应事前计划并按预算执行。5）使用公共产品。以逛公园、上图书馆的方式节省休闲支出。

(5) 降低家庭理财支出 (减债减息和保单调整计划)。

理财支出并非全无弹性，事先规划仍有办法降低。1) 寻找适合自己状况的政策性、优惠性低息贷款或首次购房贷款，如住房公积金贷款；2) 支付能力有限时以租代购，因为租金支出通常会低于房贷本息支出；3) 情况允许的时候可以进行保单的调整，如年轻时可以将储蓄型寿险调整为保障型寿险，这样在同样保额下可以降低保费支出；4) 当宏观环境使利率走低时，理财支出也会随之减少。

(四) 预算控制的四个概念账户

1. 四个概念账户

为了费用和储蓄的控管，除了已有的住房公积金账户和个人基本养老金账户之外，建议每个家庭在银行开立四个概念账户。

一个是工资薪金划拨账户，每月工资薪金所得扣除所得税和三险一金后拨入此账户，此账户也可用来作为自动扣缴水费、电费、电话费等的账户。

一个是定期、定额投资账户，应在发薪日的次日通过扣款投资来达到强迫储蓄的功能。

如果有房贷本息要缴，则应在贷款行再开一个户头以便在缴款日前拨入月供额供银行定期扣款之用。根据存折上的每一笔记录我们便可轻松掌握房贷的本息缴付状况。

另在常用的信用卡发卡行还应该再开一个户头，所有的信用卡缴付经由此户头，可掌握每月信用卡支付状况。

当然，如这四个银行账户属同一家银行，实际上也可以只设一个账户。开立四个不同账户并配合现金抽屉的余额控管，不但可以帮助我们明确并控制收支情况，也能帮助我们随时掌握资产负债状况，还可再细分各项目做差异分析。具体实施方式如图 3－8 所示。

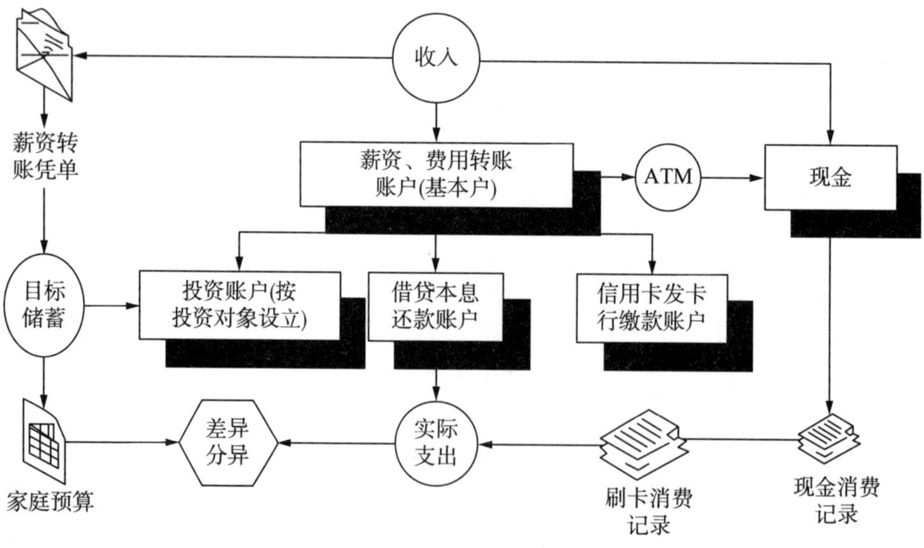

图 3－8 预算控制流程图

2. 预算和实际的差异分析

如果每月按照预算科目记账，就可以得出实际的收入、费用支出、资本支出和储蓄的根据。与预算金额比较后，根据差异的金额或比率大小，则能分析差异原因以检讨改进。预算和实际的差异分析应注意的要点如下所述。

（1）总额差异的重要性大于细目差异。如果实际支出总额和预算总额差异不大，但有些科目预算高估，有些科目预算低估，不需进行专门调整。但如果持续两三个月仍如此，则应根据实际支出更改个别科目预算。

（2）要制定追踪预算额和实际发生额之间的差异的金额门槛或比率门槛。如果总额支出大于预算额10%以上，就应挑出负面差异大的科目做进一步分析。可定出实际超过预算1 000元或10%等门槛来作为追踪的标准。

（3）依据预算的分类分别分析，年预算一般以整年的达标率作为比较标的，月预算则以当月的差异作为控制要项。资本支出预算则是和原定整个资本支出计划做比较，储蓄也要尽量分为年储蓄和月储蓄进行预算。

（4）刚开始做预算时如果差异很大，应每月选择一个重点项目集中改善。刚开始做预算和记账的人常会发现花的钱远比想象中多出很多，如预算支出5 000元，但实际支出往往突破8 000元。此时应制订分期改善计划，如每月缩减支出500元，分几个月来达成目标。可能每个科目都超支，但每个月选择一个重点科目来寻求改善可能是最有效的达标方法。

（5）如果实在无法降低支出，就要设法增加收入。月储蓄预算和年储蓄预算是理财规划的重点，如果尝试许久还是无法降低支出，那就想办法以加班、兼职等各种方式来提高收入，通过提高收入预算的方式将新的预算水平作为实际收入的目标。

学习任务

家庭财务状况分析及财务预算编制

【任务背景】

高先生今年38岁，高校教师、副教授；妻子36岁，在一家报社做管理工作；儿子今年7岁，读小学一年级。高先生父母是农民，居住在河南老家，与高先生哥哥同住，父亲今年74岁，母亲70岁，身体健康。岳父母是均是大学教师，已经退休。

家庭资产状况：高先生年前从市郊购买一套120平方米的商品房，成本价为5 100元/平方米，市价17 500元/平方米，利用公积金贷款40万元，贷款年限20年，房贷利率4.77%。高先生在市区有一套62平方米的商品房，成本价为3 000元/平方米，市价为17 000元/平方米，无贷款，现用于出租，月租金收入1 600元，该套住房无贷款。为解决孩子上学，高先生两年前在市中心购买了一套40平方米的学区房，成本价7 600元/平方米，从银行流动资金贷款20万元，每年循环贷款，贷款利率4.28%；从亲友处借款10万元，无利息，其他款项自付，现该房用于出租，每月租金800元。高先生年前购买汽车一辆，市值10万元。另有股票投资50 000元，银行活期存款20 000元，住房公积金每月全部用于支付房贷。另无其他资产。

家庭收支情况（收入为税后收入）：高先生月收入 6 000 元，年底有 20 000 元奖金；妻子月收入 4 000 元，年底奖金 10 000 元。家庭月日常生活支出 3 000 元，儿子特长班学费 600 元，每年购买衣物及礼金支出 10 000 元。支付高先生父母生活费 5 000 元，旅游费用 5 000 元，汽车使用费（包括保险）20 000 元。

家庭保障：高先生养老保险金账户余额为 38 000 元，医疗保险账户余额为 4 000 元，去年购买了一份万能险，年缴费 6 000 元，保额 10 万元；妻子养老保险金账户余额 27 000 元，医疗保险账户余额为 2 800 元，没有购买其他任何保险。

理财目标：

（1）尽快还清银行流动资金贷款。

（2）三年内换一辆价值 18 万元左右的汽车。

（3）儿子大学阶段到英国留学。

（4）提高家庭风险保障能力。

（5）为父母准备充足的养老金和大病基金。

（6）退休后在市区周边购买一套别墅，并保持目前的生活质量。

要求：

（1）编制高先生家庭资产负债表。

（2）分析说明财务状况指标（资产、负债和净资产）的含义。

【任务内容】

1. 编制家庭资产负债表、家庭收支储蓄表、家庭现金流量表。

2. 进行家庭财务比率分析

（1）计算高先生的家庭流动比率、家庭紧急预备金倍数、财务自由度、财务负担率、平均投资报酬率、净值成长率、净储蓄率、自由储蓄率。

（2）对上述计算结果逐一进行评价，并对高先生的家庭财务状况提出总体改善建议。

3. 情境分析

假设高先生现在就想达成购买别墅规划，别墅价值 300 万元，为高先生做情境分析。

4. 编制财务预算

假设住房公积金报酬率为 3%，住房公积金缴费比例为 10%，个人养老金报酬率为 6%，通货膨胀率为 3%，学费年增长率为 5%，预计房价年增长为 3%，收入不增长。要求：

（1）编制高先生家庭目前月度可支配收入预算表。

（2）编制高先生家庭月储蓄目标计算表。

（3）计算高先生家庭月可消费总额。

（4）编制高先生家庭消费支出预算表。

（5）画出上述预算编制流程图并用文字说明。

5. 财务预算控制

要求：

（1）为高先生设计现金日记账。

（2）为高先生设计月收入及支出汇总表。

（3）为高先生设计消费支出年度跟踪表。

（4）为高先生列明财务预算差异分析要点。

任务二　纳税筹划

知识目标

1. 了解个人所得税的相关知识。
2. 掌握个人所得税的税率。
3. 掌握个人所得税的计算公式。

专业能力目标

1. 能够理解个人所得税的调节目标和调节机制。
2. 能够理解个人薪资所得的构成。

方法能力目标

1. 能够根据实际收入计算应纳个人所得税。
2. 能够填写纳税申报表。
3. 能够进行综合纳税计算。
4. 能够进行避税筹划。

案例引入

2017 年 2 月，王先生取得工资收入 9 400 元，当月个人承担住房公积金、基本养老保险金、医疗保险金、失业保险金共计 1 500 元；王太太工资收入 5 500 元，当月个人承担住房公积金、基本养老保险金、医疗保险金、失业保险金共计 700 元。王先生和王太太想知道当月他们需要缴纳多少个人所得税。

王先生与王太太 2017 年 2 月所得均为工资、薪金所得。个人工资、薪金所得，以每月工资、薪金收入总额减除费用标准 3 500 元后的余额，为应纳税所得额。个人缴纳的“三险一金”即基本养老保险金、医疗保险金、失业保险金以及住房公积金，按照国务院有关规定从应纳税所得中扣除。个人工资、薪金所得的计税公式如下：

应纳税额＝应纳税所得额×适用税率－速算扣除数

应纳税所得额＝(工资总额－三险一金)－扣除标准

因此，只有计算出王先生及王太太的应纳税所得额，再对应工资、薪金所得适用的税率表找出税率及速算扣除数，即可算出 2017 年 2 月王先生及王太太的应纳个税金额。

一、个人所得税的基本知识

个人所得税是调整征税机关与自然人（居民、非居民人）之间在个人所得税的征纳与管理过程中所发生的社会关系的法律规范的总称。

（一）法定对象——纳税义务人

个人所得税的纳税义务人是在中国境内居住有所得的人，以及不在中国境内居住而从中国境内取得所得的个人，包括中国国内公民，在华取得所得的外籍人员和港、澳、台同胞。个人所得税的纳税人包括居民纳税义务人和非居民纳税义务人。

1. 居民纳税义务人

在中国境内有住所，或者无住所而在境内居住满 1 年的个人，是居民纳税义务人，应当承担无限纳税义务，即就其在中国境内和境外取得的所得，依法缴纳个人所得税。

2. 非居民纳税义务人

在中国境内无住所又不居住，或者无住所而在境内居住不满一年的个人，是非居民纳税义务人，承担有限纳税义务，仅就其从中国境内取得的所得，依法缴纳个人所得税。

（二）应税所得

个人所得税是对个人（自然人）取得的各项应税所得征收的一种税。我国法律规定了 11 项个人收入为应税所得。

1. 工资、薪金所得

工资、薪金所得，是指个人因任职或受雇而取得的工资、薪金、奖金、年终加薪、劳动分红、津贴、补贴以及与任职或受雇有关的其他所得。这就是说，个人取得的所得，只要是与任职、受雇有关，不管其单位的资金开支渠道是以现金形式支付的，还是以实物、有价证券等形式支付的，都是工资、薪金所得项目的课税对象。

2. 个体工商户的生产、经营所得

个体工商户的生产、经营所得包括四个方面：

（1）经工商行政管理部门批准开业并领取营业执照的城乡个体工商户，从事工业、手工业、建筑业、交通运输业、商业、饮食业、服务业、修理业及其他行业的生产、经营取得的所得。

（2）个人经政府有关部门批准，取得执照，从事办学、医疗、咨询以及其他有偿服务活动取得的所得。

(3) 其他个人从事个体工商业生产、经营取得的所得。

(4) 上述个体工商户和个人取得的生产、经营有关的各项应纳税所得。

3. 对企事业单位的承包经营、承租经营所得

对企事业单位的承包经营、承租经营所得，是指个人承包经营、承租经营以及转包、转租取得的所得，包括个人按月或者按次取得的工资、薪金性质的所得。

4. 劳务报酬所得

劳务报酬所得，是指个人从事设计、装潢、安装、制图、化验、测试、医疗、法律、会计、咨询、讲学、新闻、广播、翻译、审稿、书画、雕刻、影视、录音、录像、演出、表演、广告、展览、技术服务、介绍服务、经纪服务、代办服务以及其他劳务取得的所得。

5. 稿酬所得

稿酬所得，是指个人因其作品以图书、报纸形式出版、发表而取得的所得。这里所说的“作品”是指包括中外文字、图片、乐谱等能以图书、报刊方式出版、发表的作品。“个人作品”包括本人的著作、翻译的作品等。个人取得遗作稿酬，应按稿酬所得项目计税。

6. 特许权使用费所得

特许权使用费所得，是指个人提供专利权、著作权、商标权、非专利技术以及其他特许权的使用权取得的所得。提供著作权的使用权取得的所得，不包括稿酬所得。作者将自己的文字作品手稿原件或复印件公开拍卖（竞价）取得的所得，应按特许权使用费所得项目计税。

7. 利息、股息、红利所得

利息、股息、红利所得，是指个人拥有债权、股权而取得的利息、股息、红利所得。利息是指个人的存款利息、贷款利息和购买各种债券的利息。股息，也称股利，是指股票持有人根据股份制公司章程规定，凭股票定期从股份公司取得的投资利益。红利，也称公司（企业）分红，是指股份公司或企业根据应分配的利润按股份分配超过股息部分的利润。股份制企业以股票形式向股东个人支付股息、红利即派发红股，应以派发的股票面额为收入额计税。

8. 财产租赁所得

财产租赁所得，是指个人出租建筑物、土地使用权、机器设备、车船以及其他财产取得的所得。财产包括动产和不动产。

9. 财产转让所得

财产转让所得，是指个人转让有价证券、股权、建筑物、土地使用权、机器设备、车

船以及其他财产取得的所得，包括转让不动产和动产而取得的所得。

对个人股票买卖取得的所得暂不征税。

10. 偶然所得

偶然所得，是指个人取得的所得是非经常性的，属于各种机遇性所得，包括得奖、中奖、中彩以及其他偶然性质的所得（含奖金、实物和有价证券）。个人购买社会福利有奖募捐奖券、中国体育彩票，一次中奖收入不超过 10 000 元的，免征个人所得税，超过 10 000元的，应以全额按偶然所得项目计税（截至 2011 年 4 月 21 日的税率为 20%）。

11. 经国务院财政部门确定征税的其他所得

除上述 10 项应税项目以外，其他所得应确定征税的，由国务院财政部门确定。国务院财政部门，是指财政部和国家税务总局。

小提示：个人取得的所得，如果难以界定是哪一项应税所得项目，由主管税务机关审查确定。

（三）征收方式

我国个人所得税以所得人为纳税义务人，以支付所得的单位或者个人为扣缴义务人。

征收方式实行源泉扣缴与自行申报并用法，注重源泉扣缴。

个人所得超过国务院规定数额的，在中国境内两处或两处以上取得工资、薪金所得、从中国境外取得所得或者没有扣缴义务人的，以及具有国务院规定的其他情形的，纳税义务人应当按照国家规定办理纳税自行申报。扣缴义务人应当按照国家规定办理全员全额扣缴申报。扣缴义务人每月所扣的税款，自行申报纳税人每月应纳的税款，都应当在次月十五日内缴入国库，并向税务机关报送纳税申报表。

个人所得税的征收方式可分为按月计征和按年计征。其中：

工资、薪金所得应纳的税款，按月计征，由扣缴义务人或者纳税义务人在次月十五日内缴入国库，并向税务机关报送纳税申报表。特定行业的工资、薪金所得应纳的税款，可以实行按年计算、分月预缴的方式计征，具体办法由国务院规定。

个体工商户的生产、经营所得应纳的税款，按年计算，分月预缴，由纳税义务人在次月十五日内预缴，年度终了后三个月内汇算清缴，多退少补。

对企事业单位的承包经营、承租经营所得应纳的税款，按年计算，由纳税义务人在年度终了后三十日内缴入国库，并向税务机关报送纳税申报表。纳税义务人在一年内分次取得承包经营、承租经营所得的，应当在取得每次所得后的十五日内预缴，年度终了后三个月内汇算清缴，多退少补。

从中国境外取得所得的纳税义务人，应当在年度终了后三十日内，将应纳的税款缴入国库，并向税务机关报送纳税申报表。

（四）税率

个人所得税根据不同的征税项目，分别适用超额累进税率和比例税率。

1. 超额累进税率

工资、薪金所得，适用7级超额累进税率，税率为3%～45%，按月应纳税所得额计算征税；个体工商户的生产、经营所得和对企事业单位的承包经营、承租经营所得适用5级超额累进税率，税率为5%～35%，按年计算、分月预缴税款。个人所得税率表，如表3-11所示。

2. 比例税率

对个人的劳务报酬所得，稿酬所得，特许权使用费所得，利息、股息、红利所得，财产租赁所得，财产转让所得，偶然所得和其他所得，按次计算征收个人所得税，适用20%的比例税率。

表3-11　个人所得税率表

序列	所得项目	税率	备注
1	工资、薪金所得	3%～45%	按个人工资、薪金应税所得额划分级距。
2	个体工商户的生产、经营所得和对企事业单位的承包经营、承租经营所得	5%～35%	按个体工商户的生产、经营所得和对企事业单位的承包经营、承租经营的全年应纳税所得额划分级距。
3	劳务报酬	20%	劳务报酬所得一次性收入畸高的、特高的，还可以实行加成征收。
4	稿酬所得	20%	按应纳税额减征30%。
5	利息、股息、红利所得	20%	个人的存款利息日自2008年10月9日起暂免增收利息税。
6	特许权使用费、财产租赁所得、财产转让所得、偶然所得、其他所得	20%	

（五）减免税项目

1. 免税项目

（1）省级人民政府、国务院部委和中国人民解放军军以上单位，以及外国组织、国际组织颁发的科学、教育、技术、文化、卫生、体育、环境保护等方面的奖金；国债和国家发行的金融债券利息。

（2）按照国家统一规定发给的补贴、津贴。

小提示：国家统一规定发给的以下补贴、津贴免征个人所得税：按照国务院规定发放的政府特殊津贴、院士津贴和资深院士津贴；独生子女补助；执行公务员工资制度未纳入基本工资总额的补贴津贴差额；家属成员的副食品补贴；托儿补助费；差旅费津贴、通信费用（指报经省级人民政府批准、国税总局备案的一定标准之内的公务交通、通信费用）。

(3) 误餐补助（指按财政部门规定，个人因公在城区、郊区工作，不能在工作单位或返回就餐，确实需要在外就餐的，根据实际误餐顿数按规定标准领取的误餐费）。

(4) 对适当延长离休、退休年龄的高级专家（指享受国家发放的政府特殊津贴的专家、学者），其在延长离休、退休期间的工资、薪金所得，视同离休退休工资免征个人所得税。

(5) 福利费（注：根据个人所得税法的规定原则，对于发给个人的福利，不论是现金还是实物，均应缴纳个人所得税。但对于集体享受的、不可分割的、非现金方式的福利支出，不超过工资薪金总额14%的部分，即可准予扣除）、抚恤金、救济金。

(6) 保险赔款。

(7) 军人的转业费、复员费。

(8) 按照国家统一规定发给干部、职工的安家费、退职费、退休工资、离休工资、离休生活补助费。

(9) 依照我国有关法律规定应予免税的各国驻华使馆、领事馆的外交代表、领事官员和其他人员的所得。

(10) 中国政府参加的国际公约、签订的协议中规定免税的所得。

(11) 经国务院财政部门批准免税的所得。例如，个人的公益、救济性捐赠，捐赠额不超过其应纳税所得额30%且取得正式票据的部分可以按照有关规定税前据实扣除。纳税人直接给受益人的捐赠不得扣除。

2. 减征项目

有下列情形之一的，经批准可以减征个人所得税：

(1) 残疾、孤老人员和烈属的所得。

(2) 因严重自然灾害造成重大损失的。

(3) 其他经国务院财政部门批准减税的。

二、个人所得税的计算

（一）工资、薪金个人所得税计算

1. 工资、薪金计算征收个人所得税的方法

工资、薪金所得，以每月工资、薪金收入总额减除费用标准 3 500 元（外籍人员为4 800元）后的余额，为应纳税所得额。个人缴纳的“三险一金”即基本养老保险金、医疗保险金、失业保险金以及住房公积金，按照国务院有关规定从应纳税所得中扣除。

计税公式如下：

应纳税额＝应纳税所得额×适用税率－速算扣除数

应纳税所得额=(工资总额−三险一金)−扣除标准

对在中国境内无住所而在中国境内取得工资、薪金所得的纳税义务人和在中国境内有住所而在中国境外取得工资、薪金所得的纳税义务人，可以根据其平均收入水平、生活水平以及汇率变化情况确定附加减除费用，附加减除费用适用的范围和标准由国务院规定。

根据《中华人民共和国个人所得税法》及其实施条例的规定，机关、企事业单位对未达到法定退休年龄、正式办理提前退休手续的个人，按照统一标准向提前退休工作人员支付一次性补贴，不属于免税的离退休工资收入，应按照“工资、薪金所得”项目征收个人所得税。

计税公式为：

应纳税额={[(一次性补贴收入÷办理提前退休手续至法定退休年龄的实际月份数)−费用扣除标准]×适用税率−速算扣除数}×提前办理退休手续至法定退休年龄的实际月份数

纳税义务人从中国境外取得的所得，准予其在应纳税额中扣除已在境外缴纳的个人所得税税额。但扣除额不得超过该纳税义务人境外所得依照税法规定计算的应纳税额。

2. 工资、薪金所得适用税率

工资、薪金所得适用7级超额累进税率，具体内容见表3-12。

表3-12　超额累进个人所得税税率表

级数	全月应纳税所得额	税率	速算扣除数（元）
1	全月应纳税额不超过1 500元	3%	0
2	全月应纳税额超过1 500元至4 500元	10%	105
3	全月应纳税额超过4 500元至9 000元	20%	555
4	全月应纳税额超过9 000元至35 000元	25%	1 005
5	全月应纳税额超过35 000元至55 000元	30%	2 755
6	全月应纳税额超过55 000元至80 000元	35%	5 505
7	全月应纳税额超过80 000元	45%	13 505

[例3-1]　小李本月工资5 105元，三险一金105元，请计算小李本月应纳税所得额和应纳个人所得税税额。

应纳税所得额=(5 105−105)−3 500=1 500(元)

小李应纳税额=1 500×3%−0=45(元)

（二）全年一次性奖金个人所得税计算

1. 全年一次性奖金的含义

全年一次性奖金，是指行政机关、企事业单位等上缴义务人根据其全年经济效益和对员工全年工作业绩的综合考核情况，向员工发放的一次性奖金。纳税人取得全年一次性奖金也包括年终加薪、实行年薪制和绩效工资办法的单位根据考核情况兑现的年薪和绩效工资。

2. 全年一次性奖金计算征收个人所得税的方法

纳税人取得的全年一次性奖金，单独作为一个月的工资、薪金所得计算缴纳个人所得税，并按以下计税办法，由扣缴义务人发放时代扣代缴。年终奖个税计算分以下两种情况：

（1）取得全年一次性奖金当月，个人工资、薪金所得高于（或等于）费用扣除额（3 500元）的，计税公式为：

应纳税额＝个人当月取得的全年一次性奖金×适用税率－速算扣除数

（2）取得全年一次性奖金当月，个人工薪所得低于费用扣除额（3 500 元）的，计税公式为：

应纳税额＝(个人当月取得全年一次性奖金－个人当月工薪所得与费用扣除额的差额)×适用税率－速算扣除数

3. 全年一次性奖金适用税率及速算扣除数

全年一次性奖金确定税率及速算扣除数是多少？用全年一次性奖金总额除以 12（一年 12 个月）后得出的商数，再对照工薪所得个税税率表即可确定。

根据有关政策规定，由于上述计税方法是一种优惠办法，因此，在一个纳税年度内，对每一个纳税人，该纳税计算办法只允许采用一次。对于实行全年考核、分次发放奖金的企事业单位，该办法也只能采用一次。雇员取得除全年一次性奖金以外的其他各种名目的奖金，如半年奖、季度奖、加班奖、先进奖、考勤奖等，应一律与当月工资薪金收入合并，按税法规定计算缴纳个人所得税。

[例 3－2] 赵先生 2012 年 1 月工资 3 000 元（已扣除三险一金），当月又取得年终奖 24 500 元，请计算赵先生本月应缴纳的个人所得税税额。

应纳税所得额＝[24 500－(3 500－3 000)]＝24 000(元)

每月应纳税所得额＝24 000÷12＝2 000(元)

对照工资、薪金税率表，可确定适用税率为 10%，速算扣除数为 105。

赵先生应纳税额＝24 000×10%－125＝2 275(元)

(三) 个体工商户的生产、经营所得的个人所得税计算

1. 个体工商户生产、经营及对企事业单位承包经营、承租经营所得税额的计算

个体工商户的生产、经营所得以每一纳税年度的收入总额，减除成本、费用以及损失后的余额，为应纳税所得额。个体工商户的费用扣除标准统一确定为 42 000 元/年，折算到月即 3 500 元/月。同时规定个体工商户向其从业人员实际支付的合理的工资、薪金支出，允许在税前扣除，但是投资者的工资不得在税前扣除。计税公式如下：

应纳税额＝应纳税所得额×适用税率－速算扣除数

个体工商户的生产、经营所得应纳税所得额＝总收入－成本、费用－损失

2. 个体工商户的生产、经营所得适用税率

个体工商户的生产、经营所得适用 5 级超额累进税率，具体内容见表 3－13。

表 3－13　　个体工商户的生产、经营所得适用税率

级数	含税级距	不含税级距	税率	速算扣除数
1	不超过 15 000 元的部分	不超过 14 250 元的	5%	0
2	超过 15 000 元到 30 000 元的部分	超过 14 250 元至 27 750 元的部分	10%	750
3	超过 30 000 元到 60 000 元的部分	超过 27 750 元至 51 750 元的部分	20%	3 750
4	超过 60 000 元到 100 000 元的部分	超过 51 750 元至 79 750 元的部分	30%	9 750
5	超过 100 000 元的部分	超过 79 750 元的部分	35%	14 750

说明：含税级距适用于个体工商户的生产、经营所得和由纳税人负担税款的对企事业单位的承包经营、承担经营所得；不含税级距适用于由他人（单位）代付税款的对企事业单位的承包经营、承租经营所得。

[例 3－3]　个体工商户老王 2017 年度应纳税收入为 50 000 元，各项费用为30 000 元，请计算老王应缴纳个人所得税税额。

应纳税所得额＝50 000－30 000＝20 000(元)

老王应纳税额＝20 000×10%－750＝1 250(元)

(四) 对企事业单位的承包经营、承租经营所得的个人所得税计算

1. 对企事业单位的承包经营、承租经营所得税额的计算

对企事业单位的承包经营、承租经营所得以每一纳税年度的收入总额，减除必要费用后的余额，为应纳税所得额。计税公式如下：

应纳税额＝应纳税所得额×适用税率－速算扣除数

对企事业单位的承包经营、承租经营所得应纳税所得额＝总收入－费用

2. 对企事业单位的承包经营、承租经营所得适用税率

对企事业单位的承包经营、承租经营所得同样适用5级超额累进税率。

（五）劳务报酬的个人所得税计算

1. 劳务报酬所得税额的计算

劳务报酬所得每次收入不超过4 000元的，减除费用800元；4 000元以上的，减除20％的费用，其余额为应纳税所得额。劳务报酬所得一次性收入畸高的、特高的，实行加成征收。

个人担任董事、监事，且不在公司任职、受雇的情形，属于劳务报酬性质，按劳务报酬所得征税。

对商品营销活动中，企业和单位对营销业绩突出的非雇员以培训班、研讨会、工作考察等名义组织旅游活动，通过免收差旅费、旅游费对个人实行营销业绩奖励（包括实物、有价证券等），应根据所发生费用的全额作为该营销人员当期的劳务收入，按照劳务报酬所得项目征收个人所得税，并由提供上述费用的企业和单位代扣代缴。

个人兼职取得的收入，应按照劳务报酬所得项目缴纳个人所得税。是否存在雇佣与被雇佣的关系，是判断一种收入是属于劳务报酬所得，还是属于工资、薪金所得的重要标准。后者存在雇佣与被雇佣的关系，而前者则不存在这种关系。计税公式如下：

应纳税额＝应纳税所得额×适用税率－速算扣除数

2. 劳务报酬所得适用税率

劳务报酬所得适用税率见表3－14。

表3－14 劳务报酬所得适用税率

级数	每次应纳税所得额（含税级距）	不含税级距	税率	速算扣除数
1	不超过20 000元的	不超过16 000元的	20％	0
2	不超过20 000元至50 000元的部分	超过16 000元至37 000元的部分	30％	2 000
3	超过50 000元的部分	超过37 000元的部分	40％	7 000

［例3－4］ 大学生黄伟假期打工，取得一次性劳务报酬5 000元，请计算黄伟本月应缴纳个人所得税税额。

应纳税所得额＝5 000×(1－20％)＝4 000(元)
黄伟应纳税额＝4 000×20％－0＝800(元)

（六）稿酬所得的个税计算

稿酬所得，每次收入不超过 4 000 元的，减除费用 800 元；4 000 元以上的，减除 20％的费用，其余额为应纳税所得额。稿酬所得适用 20％的比例税率，并按应纳税额减征 30％，因此稿酬所得的实际税率为 14％。计税公式如下：

稿酬应纳税额＝应纳税所得额×适用税率×(1－30％)

[例 3－5]　小林在某杂志发表一篇文章，获得稿酬 2 000 元，请计算小林应缴纳个人所得税税额。

应纳税所得额＝2 000－800＝1 200(元)
小林应纳税额＝1 200×20％×(1－30％)＝168(元)

（七）特许权使用费的个税计算

特许权使用费所得，每次收入不超过 4 000 元的，减除费用 800 元；4 000 元以上的，减除 20％的费用，其余额为应纳税所得额。适用税率为 20％。

计税公式如下：

特许权使用费应纳税额＝应纳税所得额×适用税率

（八）财产租赁所得的个人所得税计算

财产租赁所得，每次收入不超过 4 000 元的，减除费用 800 元；4 000 元以上的，减除 20％的费用，其余额为应纳税所得额，适用税率为 20％。对个人出租住房取得的所得暂减按 10％征收（以 1 个月内取得的收入为 1 次）。

计税公式如下：

财产租赁所得应纳税额＝应纳税所得额×适用税率

（九）财产转让所得的个税计算

财产转让所得，是以一次转让财产收入额（不管分多少次支付，均应合并为一次转让财产收入）减去财产原值和合理费用后的余额为应纳税所得额，适用 20％的税率计算缴纳个人所得税。

计税公式如下：

应纳税所得额＝每次转让财产收入额－财产原值－合理费用

确定财产原值，有以下几种情况：

(1) 有价证券，其原值为买入价以及买入时按照规定缴纳的有关费用。

(2) 建筑物，其原值为建造费或者购进价格以及其他有关费用。

(3) 土地使用权，其原值为取得土地使用权所支付的金额、开发土地的费用以及其他有关费用。

(4) 机器设备、车船，其原值为购进价格、运输费、安装费以及其他有关费用。

(5) 其他财产原值，参照以上四种办法确定。

上述财产原值的确定，个人必须提供有关的合法凭证，对未能提供完整、准确的财产原值合法凭证而不能正确计算财产原值的，税务部门可根据当地实际情况核定其财产原值。

合理费用是指个人在卖出财产时按有关规定所支付的费用，如税金及附加、中介服务费、资产评估费等。

计税公式为：

应纳税额＝应纳税所得额×20％

（十）利息、股息、红利所得及偶然所得和其他所得的个税计算

利息、股息、红利所得，偶然所得和其他所得，以每次收入额为应纳税所得额，适用税率为20％。

利息、股息、红利所得，偶然所得，其他所得应纳税额＝应纳税所得额×适用税率

（十一）个人取得多项所得的个税计算

个人取得税法规定的应税所得项目中的两项或两项以上所得，应按照各项所得分别减去相应费用，计算缴纳个人所得税。

（十二）两人或多人取得一项所得的个税计算

两人或多人共同取得同一项所得，每个人应当就其取得的所得分别按照税法规定减去相应费用，计算缴纳个人所得税。

三、纳税筹划

案例引入

张某是某房产公司高管，由于工作业绩突出和工作需要，公司近期准备奖励给他一辆汽车，价值20万元，拟在车辆注册登记部门登记为张某个人所有。但张某经过计算，发现居然要缴纳74 920元的个人所得税。有没有办法解决这个问题呢？

任务分析

根据《关于生活补助费范围确定问题的通知》（国税发［1998］第155号）文件第二条第三款规定，单位为个人购买汽车，应当并入纳税人的工资、薪金收入计征个人所得税，因此，张某应缴个人所得税（暂不考虑当月工资等其他应税所得）：

$$200\ 000\times 45\%-13\ 505=74\ 920(\text{元})$$

解决张某的问题，最好的方式是把车放到公司名下，这样处理，有以下几个好处：

（1）由于车辆属于公司所有，张某没有取得20万元收入，不用缴纳个人所得税。

（2）该车辆作为公司的固定资产管理，公司可以计提折旧，可以报销合理的运行费用，而这些折旧、费用都可以在企业所得税税前扣除，降低了企业所得税应税收入。

（3）车辆计提折旧年限到期后，可以转让给张某个人。

在了解上述情况后，张某将车辆过户到公司名下，但车辆仍然由张某使用。车辆作为公司的固定资产管理，发生的运行费用、保险费用按照一定标准由公司报销。同时，张某与公司约定，等车辆计提折旧年限到期后，将车辆转让给张某。

（一）税收筹划概述

1. 税收筹划

税收筹划又称节税，是纳税人在法律允许的范围内，通过对经营、投资、理财等经济活动的事先筹划和安排，充分利用税法提供的优惠和差别待遇，以减轻税负，达到整体税后收益最大化。少缴税和延迟缴税是税收筹划的目标所在。

（1）税收筹划的特征。

税收筹划概念包含了以下三个特征：

1）合法性。纳税筹划是在法律许可的范围内进行的，如违反法律规定逃避纳税，属于偷逃税。

2）预期性。税收筹划是事先规划、设计、安排的。

3）目的性。纳税人希望通过税收筹划实现节税的目的。

（2）税收筹划的原则

税收筹划应遵循以下两个原则：

1）综合效益原则。税收筹划不能孤立进行，如果某项纳税筹划取得了节税效果，却增加了其他方面的支出，这一纳税筹划方案就值得商榷。

2）前瞻性原则。任何一项具体的纳税筹划方案的研发、选择、确定，都必须在该方案所涉及的纳税事项已成为既定事实之前。如果该涉税事项已成既定事实，再事后进行“筹划”就是掩盖事实真相。伪造、变造、隐匿相关资料，纳税人将承担偷税的法律责任。

税收筹划的行为主体是纳税人，纳税人本身可以是税收筹划的行为人，也可以聘请税务顾问或会计师进行税收筹划。税收筹划者在全面了解与个人/家庭有关的税收政策后，应加强与主管税务机关的联系，并及时主动寻求税收优惠政策，及时掌握税收动态，发现个人/家庭存在的隐性风险，正确运用税收筹划的方法。

2. 税收筹划的基本方法

(1) 避免应税收入（或所得）的实现。

从减轻税收负担的角度来看，纳税人要尽量取得不被税法认定为是应税收入（或所得）的经济收入。根据我国现行税法规定，几乎各税种中都存在此类筹划的空间。例如，财产增值部分只要不变现一般就不对其课征所得税，这也是各国所得税法的一个普遍规定。因此，从税收筹划的角度考虑，个人尽量不要将财产的增值部分变现，如果需要资金，可以用财产作抵押进行信贷融资（需要比较税款和利息成本的大小）。

另外，税法中还有一些免税收入的规定，纳税人即使取得了这些收入也不用缴纳所得税。例如，我国《个人所得税法》规定，对个人取得的国债和国家发行的金融债券利息、教育储蓄存款利息以及股票转让所得免征或暂免征收个人所得税。个人在进行金融投资时，应当考虑这些免税因素。

(2) 避免适用较高税率。

一般情况下，适用税率越高，应纳税额就越多，税后收益就越少。因此，尽量使所从事的经济活动适用较低的税率，这对纳税人降低税收负担意义重大。

例如，对实行超额累进税率的应税所得项目（如工资、薪金收入等），应尽量避免临界所得进入高档税率区。

(3) 充分利用"税前扣除"。

各国税法中都有一些允许纳税人税前扣除的条款，纳税人应当充分利用这些规定，多扣除一些费用，缩小税基，减轻税负。尤其是当纳税人的所得适用超额累进税率时，如果纳税人可以多扣除一些费用，缩小税基，其所得适用的最高边际税率和实际税负就会下降。

例如，我国个人所得税法规定，房屋装修费每月可以在税前列支 800 元（上限），按 10%的税率（减半征税）计算，列支 800 元的装修费每月可以少纳税 80 元，每年少缴税 960 元。如果房屋装修后租金提高较多，那么房主就有必要在房屋出租前进行一定的装修。

(4) 推迟纳税义务的发生时间。

推迟纳税可以使个人在不减少纳税总量的情况下获得货币时间价值。推迟纳税有利于资金周转，节省利息支出。并且，由于通货膨胀的影响，延期以后缴纳的税款币值下降，从而降低了实际纳税额。因为按照贴现的原理，延迟缴纳的税款现值一定小于当期缴纳的等额税款。税款越晚缴纳，其经济成本就越低。

(5) 利用税收优惠。

税法中的减免税等税收优惠规定，为纳税人节税筹划提供了可能性。此外，一些具有期限规定的特定优惠政策也值得在进行税收筹划时很好地利用。做好税收筹划应熟悉税收优惠政策的规定，尽力争取符合享受税收优惠的必要条件并用好、用足这些政策资源，从而减轻税收负担。

（二）税务筹划

1. 身份避税筹划

（1）利用非居民纳税人身份避税。

简单地说，非居民纳税人的纳税义务远轻于居民纳税人的纳税义务，因而个人在进行税收筹划时往往愿意将居民纳税人的身份变成非居民纳税人的身份，从而减轻自己的税负。

减轻税负的方式主要有两种：一种是改变自己的住所，一般认为就是改变自己的国籍。例如，一高税国居民可以通过移居，使自己成为一低税国居民，这在国际避税中经常被运用；另一种便是根据各国具体规定的临时离境日期，恰当地安排自己的离境时间（我国临时离境是指一个纳税年度中一次离境不超过 30 日或者多次累计离境不超过 90 日），便可以使自己从居民纳税人变成非居民纳税人，从而减轻税负。当然，进行这种筹划应在法律允许的范围内，而且应进行成本收益分析，如果节省的税额还不够自己进行筹划的成本，就没有什么必要了。

[例 3-6]　美国技术人员怀特受雇于美国某公司，2016 年 8 月 1 日起到中国境内分公司帮助筹办某项目。2011 年 11 月 5 日，回国述职。期间，由美国总公司支付其报酬折合人民币320 000元。怀特是否需要在中国申报缴纳个人所得税?

分析：怀特在中国境内无住所，并且居住不满 1 年（公历年度），属于非居民纳税人。他累计居住不超过 183 天（实际居住 96 天），并且其所得为中国境外雇主支付，因此，免于申报缴纳个人所得税。

注：依照国税发［1994］148 号《国家税务总局关于在中国境内无住所的个人取得工资薪金所得纳税义务问题的通知》第二条规定，在中国境内无住所而在一个纳税年度中在中国境内连续或累计工作不超过 90 日或在税收协定规定的期间在中国境内连续或累计居住不超过 183 日的个人，由中国境外雇主支付并且不是由该雇主的中国境内机构负担的工资薪金，免予申报缴纳个人所得税。但是担任中国境内企业董事或高层管理职务的个人，其取得的由该中国境内企业支付的董事费或工资、薪金，不适用此规定。

（2）利用职业身份差异避税。

自由职业者均可以采用这种方式避税。以自由撰稿人为例，在自由撰稿人从事自由撰稿并取得一定成绩后，通常会面临三种选择：一是受聘于报社或杂志社成为记者或者编辑。二是受雇于报社或杂志社，为指定版面或栏目创作非署名文章。三是继续保持自由者的身份，向报社或杂志社自由投稿。作为自由撰稿人往往最关心还是个人收益，可以从税收筹划方面考虑如何选择。

[例 3-7]　王先生是一位长期从事自由撰稿的文字工作者。王先生的文章语言生动、独特，带有浓厚的地方特色，因此很受读者的欢迎。王先生每月发稿在 10 篇左右，每篇 3 000字左右，每篇稿子的稿酬在 500～1 500 元。平均每个月王先生的收入在 10 000 元左右。由于王先生的文字比较受读者欢迎，当地一些报社、杂志社多次找到王先生，请求王先生加入报社、杂志社做记者或编辑。如果王先生不愿意也可受雇于报社或杂志社，为指定版面或栏目创作非署名文章。王先生每月向报社或杂志社提供 10 篇稿子，每篇大约

3 000字，报社或杂志社将每月给予王先生报酬。

分析：从王先生所面临的情况来看，王先生在缴纳个人所得税方面面临三种情况：一是成为记者、编辑后，按“工资、薪金所得”缴纳个人所得税。二是与报社或杂志社达成合作协议后，按“劳务报酬所得”缴纳个人所得税。三是继续保持自由撰稿人身份，按稿酬所得缴纳个人所得税。

方案一：王先生在成为记者或编辑后，按工资、薪金所得每月应缴纳的个人所得税为：

应纳税额＝(10 000－3 500)×20%－555＝745(元)

方案二：王先生与报社或杂志社达成创作协议后，每月从报社或杂志社取得劳务报酬。个人所得税法实施条例规定，劳务报酬所得，属于一次性收入的，以取得该项目收入为一次；属于同一项目连续性收入的，一个月内取得的收入为一次。因为王先生是属于同一项目取得连续性收入，所以以一个月内取得的收入为一次收入。王先生按劳务报酬所得每月应缴纳的个人所得税为：

应纳税额＝[10 000×(1－20%)]×20%＝1 600(元)

方案三：王先生继续保持自由撰稿人身份，个人所得税法实施条例规定，稿酬所得以每次出版、发表取得收入为一次。在此王先生单篇稿件的稿酬按平均稿酬计算，每篇1 000元。按照个人所得税法规定，稿酬所得每次不超过4 000元的，减除800元后全额为应纳个人所得税余额。因此王先生按稿酬所得每月应缴纳的个人所得税最高为：

应纳税额＝(1 000－800)×20%×(1－30%)×10＝280(元)

通过以上对照可以看出，仅从税收筹划角度来看，王先生继续保持自由撰稿人的身份所获得的个人利益最大。

2. 工资、薪金税收筹划

工资、薪金所得的税收筹划，是个人/家庭最关心的事情。具体方法主要有以下几种：

(1) 工资、薪金适当福利化。

一般来说，个人的工资、薪金收入超过3 500元就要纳税。税收筹划时，可以将超过3 500元的工资、薪金部分用于职工福利支出，这样不仅可改善福利状况、增加其可支配收入，还可以降低名义收入以减少纳税。

企业通常还可以为职工支付交通、通信、用餐等基本消费支出，相应地降低其税前工资，减少计税依据；为职工购房提供一定期限的优惠贷款，之后每月从其工资额中扣除部分款项用于归还贷款，减轻职工的贷款利息负担；为职工免费提供福利设施，如免费家具、健体中心、办公设备、交通工具等，只要不将其转化为现金支付或改变产权归属，则可不必缴纳个人所得税；为职工提供周转房或负担其房租；提高职工的办公条件，为其配备办公设施及用品；每年为职工报销一定额度的资料、学习培训费用。具体筹划时，企业应建立实报实销（或限额报销）制度，明确各职别职工的报销方式及限额，并依据合法的报销凭证处理。

[例 3-8]　某服装厂张经理每月工资收入为 7 000 元，每月支付租房、租车费用 2 000元，除去房租等，张经理每月可用的收入为 5 000 元。这时，张经理每月应纳个人所得税额：

应纳个人所得税额＝(7 000－3 500)×10%－105＝245(元)

分析：如果进行税收筹划，即改变一下上述费用支付方式，由公司为张经理提供免费住房、车辆，而张经理每月工资下调为 5 000 元，则张经理每月应纳个人所得税：

应纳个人所得税额＝(5 000－3 500)×3%－0＝45(元)

如此筹划后，对公司来说，不仅没有增加支出，而且可以增加在税前列支的费用 2 000元（政策规定：企业税前列支的工资是限额的，超过部分必须在税后列支。将工资转化后，其支付不列入工资考核，故全额在税前列支）；对张经理来说，可节税 200（245－45）元。可谓企业和职工双赢。

（2）合理发放年底双薪、绩效工资、年终奖金、年薪。

年终绩效工资、年薪制的年薪、年终双薪，可以与年终一次性奖金一样，适用优惠税率，其他名目的奖金（如半年奖、季度奖、加班奖、先进奖、考勤奖等），一律与当月工资、薪金收入合并，按税法规定缴纳个人所得税。因此可以通过合理分配，尽可能地采用降低适用税率的方法节税。

[例 3-9]　个税盲区致年终奖缩水，多发 1 元税后少得万元

今年年底，单位发给小李年终奖 18 800 元，按照有关年终奖个人所得税政策计算，小李应为这笔收入缴税 1 775 元，即税后小李实际拿到手的钱是 17 025 元。同单位的小王年终奖是 18 000 元，用同样的方法计算，应该缴税 540 元，税后小王实际拿到手的钱是 17 460 元。这样，就造成小李比小王多了 800 元年终奖，但却要比小王多缴 1 235 元的税。为什么会出现这种所得与税负不匹配的情况？这就是“盲区”在作怪。

“盲区”是因我国年终奖个人所得税计算方法导致的特别结果。根据我国年终奖个人所得税计算方法，会出现这样一个规律：如果年终奖数额增加到或超过某个临界点时，使得对应的纳税税率提高一档，如从 3%提高到 10%，随之纳税额也相应地大幅增加，这时会出现一种特别的情况，就是年终奖数额增加“一小步”纳税额却提高“一大步”，“得不偿税”、多发不能多得的情况。不过，这种情况在奖金增加幅度大到一定数额（或称“平衡点”）时又会消失，重新回到奖金增加的幅度大于纳税额提高的幅度的状态，即多发奖金税后也能多得。

“盲区”共有六个，分别是：

[18 001 元，19 283.33 元]；[54 001 元，60 187.50 元]；[108 001 元，114 600 元]；
[420 001 元，447 500 元]；[660 001 元，706 538.46 元]；[960 001 元，1120 000 元]。

根据我国全年一次性奖金个人所得税计算方法，发给个人的年终奖多发 1 元，真的会导致税后实际奖金收入少千元甚至万元的情况。

以第四个“盲区”[420 001 元，447 500 元] 为例，420 000 元年终奖，对应的税率是 25%，应纳税额 103 995 元，税后可以拿到 316 005 元。但若年终奖增加 1 元到 420 001

元，对应的计税税率为30%，应纳税额上升到123 245.30元，结果，税后能拿到的年终奖只有296 755.70元。即多发1元年终奖会导致税后少得19 249.30元。

资料来源：《羊城晚报》。

[例3-10] 小王2010年12月工资4 000元，年底双薪4 000元，另外年终奖9 000元。对于年底双薪（即第13个月工资）可分两种情况处理。一是“一次性奖金”与“年底双薪”同月发时，即可将此两项奖金合并除以12确定税率和扣除额；二是“一次性奖金”与“年底双薪”不同月发时，可按国税发［2005］9号规定将“一次性奖金”单独计算缴纳个人所得税，将“年底双薪”和当月工资合并计算缴纳个税。至于用哪种方法缴纳个税，要根据实际情况，分别计算两种情况应缴纳的税额，从而做出判断。

分析：

若按第一种情况计算，其个人所得税为：

$$
\begin{aligned}
\text{应纳个人所得税额} &= [(4\,000-3\,500)\times 3\%-0]+[(4\,000+9\,000)\times 3\%-0] \\
&= 15+390=405(\text{元})
\end{aligned}
$$

若按第二种情况计算，其个人所得税为：

$$
\begin{aligned}
\text{应纳个人所得税额} &= [(4\,000+4\,000-3\,500)\times 10\%-105]+(9\,000\times 3\%-0) \\
&= 345+270=615(\text{元})
\end{aligned}
$$

即第一种情况比第二种情况少缴纳个人所得税210元。

[例3-11] 纳税人张某2016年第四季度月工资8 545元，“三险一金”1 045元，月度绩效考核奖5 500元。

分析：

将月度绩效考核奖与当月工资合并发放，应纳个人所得税：

$$
\begin{aligned}
\text{应纳个人所得税额} &= [(8\,545+5\,500-1\,045-3\,500)\times 25\%-1\,005]\times 3 \\
&= 4\,110(\text{元})
\end{aligned}
$$

月度奖金合并到季度末月份一次性发放，应纳个人所得税：

$$
\begin{aligned}
\text{应纳个人所得税额} = &[(8\,545-1\,045-3\,500)\times 10\%-105]\times 2+[(8\,545+5\,500 \\
&-1\,045-3\,500)\times 25\%-1\,005]=1\,960(\text{元})
\end{aligned}
$$

月度奖金合并发放比分月发放多负担税款2 150元，应选择分月发放。

由此可见，绩效工资平均摊开到每个月，可起到节税的作用。这种方法也适用于受季节性影响较大的行业工资收入的个人所得税筹划，如果纳税人的工资极不平均，可以采用分摊的方法发放。

[例3-12] 小黄月薪是2 000元，2016年12月年终奖20 000元。

分析：

若年终奖一次性发放，即小黄应缴纳的个人所得税为：

$$
\text{应纳个人所得税额}=[20\,000-(3\,500-2\,000)]\times 10\%-105=1\,745(\text{元})
$$

若年终奖分12个月发放，即每月发放1 666.67元，一年缴纳的个人所得税为：

应纳个人所得税额=[(1 666.67+2 000−3 500)×3%−0]×12=60(元)

两种方法对比，第一种方法比第二种方法多缴税 1 685 元。

[例 3-13]　若小黄月工资 9 000 元，年终奖 24 000 元。

分析：

若年终奖一次性发放，即小黄全年应缴纳的个人所得税为：

应纳个人所得税额=[(9 000−3 500)×20%−555]×12+(24 000×10%−105)
=8 835(元)

若年终奖分 12 个月发放，即年终奖每月发放 2 000 元，一年应缴纳的个人所得税为：

应纳个人所得税额=[(9 000+2 000−3 500)×20%−555]×12=11 340(元)

两种方法对比，第二种方法比第一种方法多缴税 2 505 元。

两个案例的两种方法所缴纳的个人所得税的比较结果是不一样的。从中可以得出年终奖发放时间的避税策略：

※当月工资低于个人所得税起征点时，尽量将年终奖平均分配到每月发放。

※当月工资高于个人所得税起征点时，这时就要具体问题具体分析。

[例 3-14]　小李年薪为 18 万元。

分析：

若小李月工资 1.5 万元，全年缴纳个人所得税为：

应纳个人所得税额=[(15 000−3 500)×25%−1 005]×12=22 440(元)

若小李月工资 5 000 元，年终奖 12 万元，全年缴纳个人所得税：

应纳个人所得税额=[(5 000−3 500)×3%−0]×12+(120 000×25%−1 005)
=29 535(元)

若小李月工资 10 500 元，年终奖 54 000 元，全年缴纳个人所得税：

应纳个人所得税额=[(10 500−3 500)×20%−555]×12+(54 000×10%−105)
=15 435(元)

从三种计算方法对比可知：方法三比方法一节税 7 005 元，比方法二节税 14 100 元。

(3) 工资、薪金转化为劳务报酬。

现行税法规定：对劳务报酬所得适用 20%比例税率；对工资、薪金所得适用的是 3%～45%的七级超额累进税率。由于相同数额的工资、薪金所得与劳务报酬所得所适用的税率不同，因此利用税率的差异避税是进行纳税筹划的又一有效途径。一般情况是，收入较少的情况下，工资所得税负比劳务报酬的税负低。这时，尽可能将工资、薪金所得转化为劳务报酬所得，以降低税负。

[例 3-15]　刘先生 2016 年 1 月从单位取得工资收入为每月 1 500 元，另从甲公司取得兼职收入每月 3 000 元。

分析：

如果刘先生与甲公司没有固定的雇佣关系，则按照税法规定，工资、薪金所得与劳务报酬所得应分开计算征收。这时，工资、薪金所得 1 500 元没有超过基本扣除限额 3 500 元不用纳税，而劳务报酬所得应纳税额为：

劳务报酬应纳税额＝(3 000－800)×20％＝440(元)

如果刘先生与甲公司建立起固定的雇佣关系，与原雇佣单位解除雇佣关系，来源于原单位的 1 500 元则被视为劳务报酬，由甲公司支付的 3 000 元作为工资、薪金收入，其工资收入没有超过基本扣除限额 3 500 元不用纳税。

劳务报酬应纳税额＝(1 500－800)×20％＝140(元)

即刘先生与甲公司建立固定的雇佣关系，则每月可以节税 300 元。

(4) 充分利用税收优惠政策。

根据税法规定，独生子女补贴；执行公务员工资制度未纳入基本工资总额的补贴、津贴差额和家属成员的副食品补贴；托儿补助费；差旅费津贴、误餐补助等不属于工资、薪金性质的补贴、津贴，不缴个人所得税。另外，在国家规定的缴费比例内，单位为个人缴付和个人缴付的基本养老保险费、基本医疗保险费、失业保险费免征个人所得税。个人和单位分别在不超过职工本人上年度月平均工资 12％的幅度内，实际缴存的住房公积金允许在税前扣除，实际支取原提存的“三险一金”免税。

公益性捐赠行为也可以在一定程度上减轻税负，尤其是个人所得适用超额累进税率时，通过捐赠可以降低其适用的最高边际税率，减轻税负。我国个人所得税法规定，个人将其所得通过非盈利性的社会团体和国家机关向公益事业以及遭受严重自然灾害地区、贫困地区的捐赠，捐赠额未超过纳税人申报的应纳税所得额 30％的部分，可以从应纳税所得额中扣除；而个人将其所得通过上述组织和机构向红十字事业、教育事业、公益性青少年活动场所和非营利性老年福利机构等进行的捐赠，可以在税前全额扣除。

由于我国现行税法对个人公益性、救济性捐赠规定有捐赠限额，超过部分不允许扣除，因此，在捐赠数额确定的情况下，将一次性的大额捐赠分为多次的限额内捐赠可以降低捐赠者的税负。

3. 劳务报酬税收筹划

在签订劳务用工合同时，适当考虑一下税收因素，可以节省税款支出。

(1) 将劳务报酬转化为工资、薪金。

由于应纳税所得额在 9 000 元以下时，工资、薪金所得的适用税率比劳务报酬所得的适用税率低，因此在可以的情况下将劳务报酬转化为工资、薪金，可以降低税负。

[例 3－16] 王工程师 2016 年 2 月从乙公司取得收入 60 000 元。

分析：

如果王工程师和乙公司存在雇佣与被雇佣的关系，则应按工资、薪金所得缴税。

应纳个人所得税额＝(60 000－3 500)×35％－5 505＝14 270(元)

如果王工程师和乙公司不存在雇佣与被雇佣的关系，则该项所得应按劳务报酬所得缴纳个人所得税。

应纳个人所得税额＝60 000×(1－20%)×30%－2 000＝12 400(元)

从上面的比较可以看出，只要王工程师与乙公司不存在稳定的雇佣关系，则他可以少缴个人所得税款 1 870 元。

在提供劳务时有时因用工单位的用工时间长，劳务提供者在很长一段时期内都会提供劳务。对于此种劳务方式，劳务提供者可与用工单位协商，将劳务合同更改为招聘合同，将个人所得税的税率降低从而减少税款支出。

[例 3-17]　李先生在一家企业长期从事技术顾问。李先生与企业约定的报酬为每年 3 万元，按月领取。

分析：

假如李先生与企业签订劳务合同，将报酬性质定性为劳务报酬，那么李先生每月应缴纳的个人所得税为：

应纳个人所得税额＝(30 000÷12－800)×20%＝340(元)

假如李先生与企业签订招聘合同，将报酬性质定性为薪金所得，那么李先生每月应缴纳的个人所得税为 0 元（30 000÷12＝2 500 元，没有超过基本扣除限额 3 500 元）。

通过比较发现，李先生在签订合同时选择招聘合同与劳务合同二者每月相差个人所得税 340 元，每年相差 4 080 元。

(2) 劳务报酬所得分摊筹划。

一般来说，连续性劳务报酬收入集中发放便意味着税负的增加，收入的分散便意味着税负的减轻。因此，取得劳务报酬时可以通过增加费用开支尽量减少应纳税所得额，或者通过延迟收入、均衡分摊收入等筹划方法，将每一次的劳务报酬所得安排在较低税率区间内发放。

[例 3-18]　周先生为某高校兼职教授，每学期 4 个月中每周到该校授课一次，每次酬金为2 000元。

分析：

若该校一次性支付周教授 32 000 元酬金，则其应纳税额：

应纳个人所得税额＝[32 000×(1－20%)×30%－2 000]＝5 680(元)

若与该校商定，酬金按月支付，则周先生每月应纳税额：

应纳个人所得税额＝[8 000×(1－20%)×20%]＝1 280(元)

4 个月周先生共计纳税 5 120 元。

通过比较发现，方案二可节税 560 元。

(3) 合理设计劳务合同筹划。

纳税人在签订劳务合同时不仅要注意其法律含义，还要考虑税收因素，通过巧妙地设计劳务合同，可以使企业和职工双方共赢。

[例 3-19] 朱先生为外资企业做培训，按照原合同规定，企业支付劳务报酬 50 000 元，其他费用如交通费、食宿费等 10 000 元由朱先生自理。

分析：

依税法规定，朱先生应纳税额为：

应纳个人所得税额=[50 000×(1−20%)×30%−2 000]=10 000(元)

实际只获得 30 000 元净收入。

若将合同中的报酬条款修改为“甲方向乙方支付讲课费 40 000 元，交通费、食宿费全部由甲方负责”，则朱先生只需就 40 000 元收入纳税，应纳税额为：

应纳个人所得税额=[40 000×(1−20%)×30%−2 000]=7 600(元)

税后可得 32 400 元，筹划后节税2 400元。

在此需要注意的是，因薪金与劳务所得的个人所得税税率设置不同，在计税数额较小时选择薪金个人所得税负较轻，在计税数额较大时选择劳务所得的税负较轻。

4. 稿酬税收筹划

(1) 费用转移法。

在出版著作时，作者可事先与出版社或者其他单位签订合同，由对方支付调研、差旅等费用，但适当降低支付稿酬的标准。经过筹划，一方面降低了作者的名义稿酬，另一方面仍享受了 20%的定额费用扣除率，可实际多扣除费用，实现双重节税。

[例 3-20] 黄教授计划出版一部税制改革方面的学术专著，课题组需要赴全国各地进行考察、调研。预计著作出版后稿酬收入 18 万元，预计调研及相关费用 8 万元。

分析：

如果黄教授自己支付相关费用，则应纳税额为：

应纳个人所得税额=[180 000×(1−20%)×20%×(1−30%)]=20 160(元)

实际所得 79 840 元。

如果由出版社支付相关费用 8 万元，黄教授可得到稿费 10 万元，则应纳税额为：

应纳个人所得税额=[100 000×(1−20%)×20%×(1−30%)]=11 200(元)

实际所得 88 800 元。

通过筹划，黄教授实际所得增加 8 960 元。

(2) 系列丛书法。

如果某些著作可以分解成几个独立部分，以系列丛书形式出版，则该著作可被认定为几个单独的作品，分别计算纳税，这在某些情况下可以节省纳税人不少税款。需要说明的是，这种发行方式应使每本书的人均稿酬低于 4 000 元。

[例 3-21] 作家颜先生拟出版一部专著，出版合同规定由出版社承担相关费用，并支付稿酬8 000元。

分析：

如果以 1 本书的形式出版该著作，则应纳税额为：

应纳个人所得税额=[8 000×(1−20%)×20%×(1−30%)]=896(元)

如果该著作可以分解成 4 本系列丛书出版，分别领取稿酬，则应纳税额为：

应纳个人所得税额={[(8000÷4)−800]×20%×(1−30%)×4}=672(元)

经过筹划，颜先生可少缴税款 224 元。

(3) 集体创作法。

如果一项稿酬所得预计数额较大，可以通过集体创作法，即一本书由多个人共同撰写。这种筹划方法是利用稿酬低于 4 000 元的扣除 800 元费用，该项抵扣的效果大于 20% 的标准。多个人共同撰写不仅有利于加快创作速度、集思广益、扩大发行量、积累著作成果，而且可以达到节税的目的。使用这种筹划方法，虽然达到了节税的目的，但每个人的最终收入可能会比单独创作时少。因此，这种筹划方法一般用在著作任务较多，成立长期合作的著作组，或将自己的利害关系人列为著作组成员。

[例 3-22]　高教授准备出版一部教材，预计稿费收入 2 万元。

分析：

如果是独立写作，稿酬应纳税额为：

应纳个人所得税额=[20 000×(1−20%)×20%×(1−30%)]=2 240(元)

如果组成十人创作组，稿酬每人 2 000 元，10 人共纳税：

应纳个人所得税额=[(2 000−800)×20%×(1−30%)×10]=1 680(元)

经过筹划，可节税 560 元。

5. 个体工商户税收筹划

(1) 基本思路。

绝大多数个体工商户采用查账征收方式，因此个体工商户的纳税筹划主要在收入、成本费用、税率这三个环节，即在保证纳税筹划行为合法的前提下，如何使应税收入最小化，如何使与取得收入有关的成本费用最大化，如何使自己的应纳税所得额适用低档次的税率。

(2) 个体工商户生产经营所得的纳税筹划的基本方法。

1) 收入环节。

第一利用递延收入实现的时间。个体工商户缴纳个人所得税，采取的是每月预缴、年终汇算清缴的管理模式。如果个体工商户某一纳税年度的应纳税所得额过高，就要按较高的税率纳税，此时，个体工商户可以通过采取递延收入的方式来起到延期纳税的作用或使纳税人当期适用较低的税率的作用。一般递延收入的方式有：一是让客户暂缓支付货款和劳务费用；二是改一次性收款销售为分期收款销售。

[例 3-23]　个体工商户小于经营一家饰品店。第一年由于小于眼光独特，经营的饰品大受欢迎，虽然价格贵了点，但仍有很多顾客，甚至在圣诞节前夕有几个客户订购了

20 000元的饰品，第一年取得净收益 60 000 元。第二年，小于店旁又开了两家饰品店，竞争异常激烈，小于只得调低商品售价，即便如此，第二年的生意还是不怎么好，净收益只有20 000元。

分析：

根据这一情况，小于第一年应纳个人所得税额：

应纳个人所得税额＝60 000×20％－3 750＝8 250(元)

小于第二年应纳个人所得税额：

应纳个人所得税额＝20 000×10％－750＝1 250(元)

两年合计应纳个人所得税额＝8 250＋1 250＝9 500(元)

现假设小于在第一年与其客户商议圣诞前夕的那部分货款 20 000 元延至第二年支付。则：第一年应纳个人所得税额：

应纳个人所得税额＝40 000×20％－3 750＝4 250(元)

第二年应纳个人所得税额：

应纳个人所得税额＝40 000×20％－3 750＝4 250(元)

两年合计应纳个人所得税额＝4 250＋4 250＝8 500(元)

共可减轻税负＝9 500－8 500＝1 000(元)

第二分散收入。个体工商户通过分散收入，可以使其适用较低的税率，从而达到节税的目的。常用的方法有：将不同性质的收入分别适用不同的税目；借助与分支机构和关联机构的交易将收入分散；将全年实现的应纳税所得额分散到多个投资人的名下；将集中的收入分散到信托公司的名下。

［例 3－24］ 陈某开了一家小饭馆，由于经营不善，只得缩小经营规模，空出一间房准备另行出租。现有两个方案：方案一是以小饭馆为出租人；方案二是把这个空房产权归到陈某名下，以陈某为出租人。假设陈某的饭馆年经营净收益 80 000 元，房屋出租取得净收益30 000元。

分析：

方案一：以小饭店为出租人。

应纳个人所得税额＝(80 000＋30 000)×35％－14 750＝23 750(元)

方案二：把空房产权归到陈某名下。

饭馆应纳个人所得税额＝80 000×30％－9 750＝14 250(元)

出租房屋应纳个人所得税额＝30 000×(1－20％)×10％＝2 400(元)

应纳个人所得税额合计＝14 250＋2 400＝16 650(元)

方案二比方案一减轻税负 7 100 元，可以通过出租的方式分散收入，达到节税的目的。

2）成本费用环节。

成本费用环节的纳税筹划方法如下：

第一，将收入转换为费用开支。个人家庭的很多日常开支事实上很难与其经营支出区分开，因此，个体工商户就可以把本来应由其收入支付的家庭开支转换成其经营开支，从而既能满足家庭开支的正常需要，又可减少应纳税所得额。

第二，将资本性支出合法地转化为收益性支出。对于符合税法规定的收益性支出，可以将其作为一次性的成本费用在税前扣除。例如，个体工商户可以以零星采购的方式购进生产经营所需的物品，将一次性购买改为零星购买等。

第三，自有房产经营，可以采用收取租金的方法扩大经营支出范围。虽然收取租金会增加个人的应纳税所得额，但租金作为一项经营费用可以冲减个人的应纳税所得额，减少个人经营所得的纳税额。同时自己的房产维修费用也可列入经营支出，这样既扩大了经营范围，又可以实现自己房产的保值甚至增值。

第四，使用家庭成员或雇用临时工，扩大工资等费用支出范围。按税法规定，个体工商户工作人员的工资及规定的津贴可以计入产品成本，这样就达到了“个人有所得，商户少缴税”的目的。

6. 投资避税策略

合理合法避税，针对个人/家庭而言，运用得最多的方法还是投资避税，投资者主要可以利用基金定投、国债、教育储蓄、保险产品以及银行推出的本外币理财产品等投资品种来避税。目前股票型基金、债券型基金和货币型基金等开放式基金派发的红利都是免税的。此外，作为“金边债券”的国债，其稳妥安全的投资特点和利息税免税效应，也仍受到部分追求稳定收益的投资者的青睐。除了上述投资品种之外，目前市场上常见银行发行的本外币理财产品也可以避税。

投资者还可以利用购买保险来进行合理避税。从目前看，无论是分红险、养老险还是意外险，在获得分红和赔偿的时候，被保险人都不需要缴纳个人所得税。因此，购买保险也是一个不错的理财方法，在获得所需保障的同时还可以合理避税。此外，信托公司发行的信托产品以及教育储蓄等品种，同样可以避税。只不过这两类品种适合的人群相对而言范围小一些，故建议投资者可根据自身的实际情况决定是否投资。

学习任务

任务 1　计算医保报销比例

【任务背景】

通过劳动部门网站查询关于薪资、福利待遇以及医疗计划，通过公积金管理部门查询个人公积金是一名合格劳动者最基本的常识。社保基本知识表，如表 3－15 所示。

表 3-15 社保基本知识

<table>
<tr><th>社保要素</th><th>单位缴费基数</th><th>单位缴费比例</th><th>企业职工个人缴费基数</th><th>职工个人缴费比例</th><th>账 户</th><th>备 注</th></tr>
<tr><td>养老保险</td><td rowspan="3">经有关部门核定的上年度单位职工工资总额</td><td>20%左右</td><td rowspan="4">有关部门核定的本人上年度工资，且在当地上年度职工平均工资的60%～300%</td><td>8%</td><td>个人缴费进入个人账户</td><td rowspan="5">个体工商户、灵活就业人员缴费为当地上年度在岗职工工资，养老保险的缴费比例为 20%，8%计入个人账户</td></tr>
<tr><td>医疗保险</td><td>6%左右</td><td>2%</td><td>个人缴费以及单位的 30%左右划入个人账户</td></tr>
<tr><td>失业保险</td><td>2%</td><td>1%</td><td>无个人账户</td></tr>
<tr><td>住房公积金</td><td>职工个人缴费工资总额</td><td>5%～12%</td><td>5%～12%</td><td>双方缴费账户全部划入个人账户</td></tr>
<tr><td>工伤和生育保险</td><td>地方政府根据当地实际情况测算</td><td>不超过 2%</td><td></td><td>职工个人不缴费</td><td>无个人账户</td></tr>
</table>

【任务内容】

1. 张先生本月份薪酬工资共 8 000 元，社会保障个人缴费基数 7 500 元，住房公积金缴费比例为 10%，其他社会保障项目按规定的比例缴纳。计算张先生本月份实发工资、当期收入和延期收入以及总收入。

2. 张先生生病，在某三级甲等医院治疗，住院费用共 16 万元，其中目录外用药 5 万元。上年度该市在岗职工平均工资为 2 000 元/月，按规定三级甲等医院报销比例为 80%，医疗保险报销起付线为 4 000 元，封顶线为该市职工上年度年平均工资的 1.5 倍。张先生单位为职工缴纳了补充医疗保险，按规定可以报销目录外费用的 30%，目录内的社保没有报销的部分（不包括起付线）可以再报销 60%。计算张先生可以报销的比例及个人负担率。

【任务要求】

1. 个人独立完成。

2. 用 Excel 电子表格计算完成。

任务 2 计算应缴纳个人所得税

【任务背景】

能计算个人所得税，并且能进行报税单据的正确填写是税收筹划课程的主要目的。

【任务内容】

张先生 1 月份取得以下收入：工资所得 8 000 元（扣除社会保障部分后）；著作出版获得稿酬 20 000 元；出租自有住房获得租金收入 3 000 元；出售原价 300 000 元房产，售价 70 万元，相关税费 20 000 元；彩票中奖收入 5 000 元，支出 20 元。

假如张先生全年获得收入如下：全年工资、薪金 96 000 元（平均每月 8 000 元，已扣除社保缴费）；出版一本书稿酬收入 30 000 元；转让房产取得收入 800 000 元，房产原值

550 000元，转让过程中缴纳税费 70 000 元；股息收入 1 500 元；张先生在进行年所得 120 000元申报的时候，向红十字会捐赠 10 000 元。

【任务要求】

1. 个人独立完成。
2. 根据张先生 1 月份收入计算 1 月份应纳个人所得税。
3. 根据张先生的年收入，使用《个人所得税纳税申报表》用 Excel 电子表格计算完成张先生所得税申报口径，并计算应缴纳个人所得税。

子情境二　家庭成长期规划及需求分析

知识目标

1. 了解家庭成长期的特点和理财需求重点。
2. 掌握教育规划的要点。

专业能力目标

会进行教育规划相关测算分析。

方法能力目标

能结合家庭成长期的状况进行教育规划。

一、家庭成长期规划和理财重点

家庭成长期从子女出生到子女完成学业独立生活为止。一般夫妻双方年龄范围 30～55 岁者居多。

在这一时期，如果不考虑父母，家庭成员相对固定。随着年龄的增长，在这一阶段中后期父母可能有一方或双方离世。在居住方面，一般以自行租房或购房为主，在经济上达到完全独立并成为家庭主要的经济来源。此阶段，在收入方面，随着职位升迁和技术成熟，工作收入大幅增加，投资性资产的积累也使理财收益逐年增加。支出方面，家庭日常开支相对固定，增加的费用主要来自子女教育费用和购房、购车费用。保险方面，随着父母年龄的增长和子女养育费用的增加，家庭风险增加，保险需求达到最高峰。根据该阶段的财务特征，与家庭形成期相比，在投资组合方面应降低投资组合风险。同时，由于子女成长发生疾病的概率大大下降，流动性资产可以相应减少。在保险方面，应着重配置子女教育年金储备，以应对非义务教育阶段的支出，同时，提高寿险保费。

这一阶段也被称为维持期，是最具投资力的年龄层。在事业方面，此时客户若在事业上循序发展，很可能做到中层管理者，累积 20 年的职场经验应该可以建立专业声誉。在家庭方面，客户子女则多处于读大学或深造阶段，属于家庭成长期的后半期，子女教育费用是最大的支出。在居住方面，房贷多已提前还清，但稍具经济能力的家庭在子女长大时会考虑换房。此阶段最重要的理财目标是为自己及配偶准备退休金。因为收入增加而负担减轻，离退休至少还有 10 年，此时投资能力最强，同时还能负担中等程度的风险，因此除了前阶段定期、定额投资股票型基金外，对于已累积的资产，应该构建一个多元化的投资组合，包括存款、货币市场基金、债券基金、股票型基金、投资用房地产、艺术品投资等，来分散风险。在保险方面，若选择以基金而非以储蓄险来累积资产，此时最好投保 10 万元的终身险（可作为丧葬费）。同时客户已至中年，对医疗的需求增加，只依靠社保则不能满足对医疗品质的要求，附加终身医疗保险是一个很好的选择。

二、子女教育规划

（一）我国教育体制

我国的学校教育体制按学制系统分为学前教育、初等教育、中等教育、高等教育；按类别分为普通教育和职业教育；按学习形式分为成人教育和全日制教育。理财规划中，子女教育是指全日制教育，我国目前全日制教育各个阶段的学习年限与招生对象如表 3-16 所示。

表 3-16　　全日制教育各个阶段的学习年限与招生对象

学习阶段	学制与学习年限	招生对象
幼儿园	3 年	招收 3 岁以上年龄前儿童
小学和初中	九年义务制教育	小学入学年龄是 6～7 岁；初中入学年龄是 12～13 岁
职业初中	3～4 年	
普通高中	3 年	入学年龄 15～16 岁
技工学校	3 年	
职业高中	2～3 年，少数为 4 年	入学年龄 15～16 岁
中等专科学校	一般为 4 年，也有 3 年或 2 年	招收初中毕业生，入学年龄为 15～16 岁；招收高中毕业生，入学年龄不超过 22 岁
大学	全日制为 4 年或 5 年，有些医科院校为 7 年或 8 年	入学年龄一般为 18～19 岁
专科学校	2 年或 3 年	入学年龄一般为 18～19 岁
研究生	硕士学习年限为 2～3 年	硕士研究生的入学年龄规定不超过 40 周岁
	博士学习年限一般为 3 年	博士研究生的入学年龄规定不超过 40 周岁

此外，还有成人系列的教育体系。各类型成人教育学制实行“同层次同规格”的原则；成人中等学校，全脱产的学习年限一般与同类性质的全日制学校相同，半脱产或业余的，学习年限一般比同类性质的全日制学校多2年左右；成人高等学校，本科教育的学习年限一般为4～5年，专科教育形式较多，学习年限一般在2～4年。

按我国高等教育体制，在接受高等教育时，子女已经独立，从法律角度而言，父母对子女的抚养义务已经完成，按照“谁投资，谁受益”的原则，上大学的投资主体都应该是大学生本人，上大学的费用应该由本人出面融资。然而，受我国传统文化的影响，学生的高等教育费用一般都是由父母承担，加之我国教育经费投入结构不合理，如整体投入偏低、高等教育的高投入影响了初等和中等教育等，使子女教育占家庭收入比例过高，甚至成为家庭财务的沉重负担。基于此，子女教育规划就成为中国家庭理财的核心内容之一。

（二）子女教育金支出

1. 子女教育必要性支出——学杂费

（1）九年义务教育免学费。

（2）高中后实行收费制。高中后进入收费教育阶段，根据高中的层次和性质不同，收费不同。

（3）高校学费。我国高校学费依据地方、学校性质和专业不同，学费也有所不同。

你所在的学校学杂费用一年要多少钱？从学前教育到现在，你已经花费了多少教育经费？

（4）研究生。我国目前对研究生不但免收学费，还提供一定的补贴。但是，目前自费研究生越来越多，由公费转向自费是大势所趋。事实上，目前每年约有一半的研究生（包括硕士生和博士生）是自费生，各大高校和科研院所收费标准为每年8 000～10 000元。由于研究生阶段用于买书与论文写作的费用较高，预计公费生扣除每月200元的补助后每年还要支付8 000元，自费研究生平均每年的费用在18 000元左右。

2. 子女教育选择性支出

（1）学前教育支出。幼儿园教育是非义务教育，城市中3～6岁小孩多数要上幼儿园。公办幼儿园的平均费用为每月400元左右，有入学区域限制，每年费用约5 000元。民办幼儿园的费用大致是公办幼儿园的3倍，每年费用约15 000元。有些中外合办、双语教学的幼儿园，每年收费更高。

（2）兴趣班支出。兴趣班包括从绘画、舞蹈、乐器等艺术类兴趣班到围棋、跆拳道等体育类项目班，各类兴趣班相关支出很大，一对一辅导班收费远高于一对多辅导班，辅导学生越少，费用越高。例如，钢琴兴趣班每小时收费100元，一周一次，每月400元；二胡等乐器初学一对多辅导每月200元，后期一对一辅导同钢琴辅导费用相差无几。

（3）辅导班、实习班和家教支出。中学阶段学校附设的辅导班，按一学期一科花费500元计算，辅导一科每年约需要花费1 000元。

3. 子女教育金需求计算

计算子女教育金需求，首先应确定目前各学程教育年支出现值，在此基础上，考虑子女接受各学程教育时的终值，即考虑学费增长率后计算各学程教育时的实际支出，所有这些支出的资金筹备可以一次性用现有资产备齐，也可以通过年金方式在子女接受教育前逐年提备，提备的资产可以通过投资实现价值增值，以满足孩子各学程的教育需求，因此孩子的教育金需求应为各学程教育金乘以投资收益率折现后的现值。

张先生儿子刚满一岁，年后上幼儿园。各学程费用如表 3－17 所示。假设学费成长率为 5%，教育金投资报酬率为 8%。计算张先生需为儿子准备的教育金。

表 3－17　各学程费用表

学　程	每年支出（元）	就学年数（年）	合计（元）	累计（元）
幼儿园	20 000	4	80 000	80 000
小学	10 000	6	60 000	140 000
初中	10 000	3	30 000	170 000
高中①	28 000	3	84 000	254 000
大学	20 000	4	80 000	334 000
研究生②	20 000	6	120 000	454 000

注：①考虑了择校费。
②包括硕士和博士教育。

根据给定的表头，设计完成一张子女教育金需求计算 Excel 表格。

序号	A	B	C	D	E	F
1	子女年龄（岁）	学程	教育金支出/（元/年）	学程教育开销（元）	年支出现值（元）	就学年数（年）

4. 子女教育金需求计算应用

教育金需求现值是未来保险计划的重要指标，在保险计划中，要以子女为受益人，投保寿险，保险金额为教育金现值，以保证收入中断时能够继续履行子女教育责任。以教育金需求现值计算的教育金需求各年储蓄，需从现在起直到子女教育最后一期学费支付，父母不能轻言退休。

（三）子女教育投资决策

1. 子女教育投资收益分析

（1）教育的经济分析

个人把受教育看作投资，是市场经济条件的必然产物。政府投资教育，主要是从社会效益考虑，看到的是教育对社会生产和人民生活的全面而有益的影响；而个人通常注意的是教育投资所带来的个人收入的增加。在现代人事工资制度中，工资收入与学历直接挂钩，学历已成为干部任聘、晋升以及各种技术职务职称评定的重要条件。总之，受过高等教育在就业和晋升方面能够取得优势地位，这种优势地位就是个人教育投资的动力，而这种优势的取得正是受教育者获取收入的保障，因为受教育而额外获得的收入即为受教育的收益。因此，从经济学角度分析个人教育投资不失为一个良好的视角。作为投资，受教育也有成本付出，从成本角度考量，教育的成本主要有直接成本和间接成本：直接成本包括学生及其家庭为教育所支付的一切直接支出，即书籍费、学费、往返学校的交通费和额外的衣、食、住等费用；间接成本则是由于受教育而放弃就业机会所丧失的就业收入。

（2）教育的价值观分析。

可能子女没有预期般成功的事业，但教育与其他投资不同，教育投资更注重的是人的价值观的形成教育。

2. 国内子女教育投资决策

子女教育投资决策建立在教育的经济分析基础上，通过计算投资高一级学历所获得的净效益或投资报酬率来决定是否需要投资教育。当净效益大于或投资报酬率高于必要报酬率时，该学程教育即可投资。需要说明是，如前所述，教育投资不能仅考虑经济效益，对子女价值观的形成也是考虑教育投资的必要因素。如上所述，尽管我们可以做教育成本收益分析，但是，在制定教育金规划时，不能只考虑经济问题。教育投资有可能无法完全回收，因此，把子女当做事业进行投资同样是有风险的。其中，最大的风险是投入庞大的教育支出后，子女仍然没有预期般成功的事业。

计算子女教育投资报酬率，首先要计算高等教育的成本，包括学杂费等直接成本与受教育期间不工作的机会成本。而后计算获得学位后渴望增加的收入水准，可以用简算法（不考虑货币时间价值）与精算法（考虑货币时间价值）两种方法进行计算。

（1）简算法下，不考虑货币时间价值。

攻读高学历的净效益＝薪资总差异－学费成本－机会成本

薪资总差异＝两学历薪资年差异×后段毕业后可工作年数

学费成本＝后段学历年学费×后段就学年数

机会成本＝前段学历薪资×后段就学年数

表 3－18 列示了某市 2014 年学历工资指导价位，以此表中中位数为基准，计算不同学历间的薪资差异。以表 3－17 中的各学程年支出现值作为教育费用，假设工作到 60 岁，用简算法计算硕士教育投资收益。

表 3－18　　2014 年学历工资指导价位

学历	高位数	中位数	低位数	平均数
硕士	480 746	93 141	29 975	142 822
本科	250 797	53 173	18 768	75 667

续前表

学历	高位数	中位数	低位数	平均数
大专	141 708	35 892	16 405	48 204
高中、中专、技校	81 879	24 764	13 930	31 419
初中及以下	55 574	20 524	12 811	24 155

(2) 精算法下，考虑货币时间价值。

计算各学程教育投资报酬率。

攻读高学历的年报酬率 = $RATE(NPER,PMT,,PV)$

式中，$NPER$ 为后段毕业后可工作年数；

PMT 为两学历薪资年差异 = 后段学历薪资 − 前段学历薪资；

PV 为总成本现值 = 学费成本 + 机会成本。

3. 国外留学的投资决策

出国留学的投资报酬率可以用同样的方法进行计算，还可以计算国外留学之后年薪增加多少才比在国内大学毕业划算。若能取得公费留学资格，或获得全额奖学金，直接成本可降低很多。在国外边学习边打工，可能延缓学成的时间或降低学习效果，因此一般并不提倡这种方法。留学生最终在就业时还是要依赖于真才实学，单靠一个海归的名分在国内找工作已经不如以前有优势，以后随着出国留学日益便利，海归的身份所能带来的就业优势更加难以体现。

三、子女教育规划工具的选择

（一）子女教育金特性

与购房和退休两个理财目标相比，子女教育金有如下特性。

1. 缺乏时间弹性

子女到了一定年龄就要念大学，不像购房规划，若财力不足可以延后几年购房。至于退休规划，若储备的养老金不足也可以延后几年退休。随着宏观经济进一步发展及大学的普遍设立，大学学位变成迈向社会工作的基本门槛，父母有培养子女到达“门槛”的义务。因为子女教育没有时间弹性，所以更需要提早准备，以免陷入窘境。

2. 没有费用弹性

对于退休规划，若财力不足，降低退休后的生活水平也能保证；对于购房规划，若财力不足，选择偏远一点、房价较低的区位也还可以接受。但是，与退休规划或购房规划的弹性相比较，子女高等教育的学费相对固定，这些费用对于每一个学生都是相同的，不会因为家庭经济情况不同而有所差异。在费用方面不能寄希望于奖学金和助学金，因为这两项资金的取得都是有条件的，可能会由于达不到条件而面临学费不足的困境。

3. 子女的资质无法事先掌握

在子女教育方面，最后要花费多少财力，与可以由自己决定的退休规划和购房规划相比，更难掌握。子女出生时，很难知道他在独立前，会花掉父母多少钱，这与子女的资质、注意力和学习能力有关。父母希望子女能考上师资较佳、学费也较便宜的公办大学，子女不一定考得上。学习自觉的子女与学业不佳的子女，在求学期间所花费的家教、补习甚至陪读费用差距甚大，这不是父母可以事先控制的。有些孩子在音乐、美术上有天分，如果父母为了不埋没子女的天分，计划送其去专门才艺学院深造则花费更惊人。因为不管资质太高或太低都无法事先控制，一样要花费很多的钱，所以应该从宽来规划子女教育金。

4. 没有专门针对子女教育的强制性储蓄账户

目前在政府或企业单位就职的人，有两笔特定用途的强制性储蓄，即用于退休规划的个人养老金账户和用于购房规划的住房公积金账户，并没有专门为子女教育而强制储蓄的账户。因此，子女教育金要靠自己主动准备。

5. 子女教育支出持续时间长、金额大

对一般家庭而言，子女教育每年支出的金额虽然不是最多的，但持续时间长（从小到大，将近 20 年），因此，总金额可能比购房支出还多。

此外，教育支出的成长率比一般通货膨胀率高。一般而言，教育金的投资收益率至少应高于学费成长率。由于学费成长率较高，学费需要的时间与金额又相对固定，因此，不能冒太高风险，也不能不冒一点儿风险，投资报酬率以 5%～8%较为适合，在安排教育金投资时，需特别小心，建议以投资平衡式基金为主。

（二）子女教育金规划原则

1. 宁松毋紧

父母的期望与子女的兴趣能力可能有差距，在小学、初中阶段，子女性格和发展方向还没有完全确定，应该从较宽松的角度出发，使准备的教育金可以应付未来子女不同的选择。在留学深造方面，父母应与已成年的子女沟通，询问子女是否愿意工作几年后再计划出国留学，一方面以社会历练确定自己深造的意愿，另一方面自筹部分出国深造经费，来减轻父母的负担。

2. 宁多毋少

多准备教育金，届时多余的部分可留做自己的退休准备金。父母一般以需要住宿的大学全额学费为标准进行准备，但如果子女能够考上离家近的公办大学或争取到奖学金，或子女独立性较强，以寒暑假打工赚取学费，已准备的钱也可以当做自己未来的退休准备金，降低退休后对子女的依赖程度。因为对一般小康家庭而言，退休金与子女教育金规划很难兼顾。培养子女独立性且父子之间能互相为对方着想的话，才有可能以有限的投资与储蓄，在父母的退休金与子女的教育金间取得平衡。在求学阶段完全依赖父母资助的子女也应有感恩反哺之心，父母的资助可能使自筹退休金的部分降低，尤其是对子女留学深造方面的资助。子女应把这部分资助当做向父母借贷的助学金，在完成深造踏入社会工作后，分期摊还给父母，或在父母退休后负担起部分赡养父母的责任。

3. 合理利用教育年金或储蓄保险

可以利用子女教育年金或 10～20 年的储蓄保险来准备一部分子女教育金。由于储蓄保险具有保证给付但报酬率不高的特性，所以购买的保险额度以可支付大学的学杂费为宜，进一步深造的费用及住宿费部分还是以报酬率较高的基金来准备。当子女有能力考上大学时，至少这部分学费已以保险强迫储蓄的方式获得充足的准备，不会因经费问题阻断子女的上进心，造成无法弥补的遗憾。即使基金部分投资获利不如预期，对不足部分，已上大学的子女也可以利用打工或以先就业的方式来筹措住宿或出国深造的经费。

4. 千万不能忽略自己的退休金

支付子女高等教育金阶段与准备自己退休金的黄金时期高度重叠，要避免全力投入子女教育金而忽略自己的退休金。以 30～35 岁生子女，且子女高等教育期间可能长达数年来算，48～59 岁为支付子女高等教育金的高峰期，但此时也是准备退休金的时期。

5. 把子女教育金作为保险规划的重要一环

若在子女成年之前，收入可保持稳定，则算出总需求金额后，就可以算出目标储蓄额开始执行。但万一因疾病或意外导致收入中断，可能连一般的生活费都无法应付，高等教育金的大额支出则更是无法负担。因此，必须把子女教育金作为保险规划的重要一环。

（三）子女教育金投资工具

1. 教育年金保险

子女教育年金主要是以最确定的方式储备教育金，因此，此种保单的投资报酬率并不高，适合高储蓄能力的保守投资者。

子女教育金保险的优势在于：第一，具有强制储蓄的作用，保证性大，家长可以根据自己的预期来为孩子选择险种；第二，分多次给付，回报期相对较长，而且可为投保人和被保险人提供意外伤害或疾病身故以及高度残疾等方面的保障。一般而言，保险公司的教育金保险所针对的对象为出生满 30 天至 14 周岁的少儿。

子女教育金保险的缺陷在于其流动性较差，即资金一旦投入，就要按约定定期支付保费给保险公司，如果家庭在三五年后有较大的支出项目，如买车买房，比较容易受到影响。不过教育金保险属于储蓄险的一种，所缴的保费可累积保单现金价值，万一有其他急用，可以以保单贷款救急，但切记要在短期内偿还，以免影响到需要教育金支付时的现金流量。

2. 中低风险的基金产品

如果仅仅以财富增值为目的，而不考虑保障项目，筹备教育金往往可以通过投资货币市场基金、短期债券基金与平衡型基金等中低风险的金融产品来实现。一般而言，目标的投资报酬率高于学费成长率。

3. 子女教育金信托

子女教育金信托，比较适合的对象有以下几种：

（1）有整笔资金，想送子女出国留学，可以找一个境外受托人管理此笔资产，设立一个子女教育金信托，指定投资标的范围与预期收益率以及受益人。

（2）夫妻离婚时，对未成年子女，可以以离婚前的共同财产，或由必须给付子女抚养金的一方，找一个独立专业的受托人，成立一个子女教育金信托，以子女为受益人。这样，可以保证子女抚养金确实用来支付子女的养育与教育费用。

（3）高资产或高收入人群，同时有许多理财目标希望实现。为了避免各个目标相互排挤，可以针对每一个理财目标设立一个信托，根据不同的实现期限与目标弹性，确认可忍受的风险与预期报酬率，再找适当的专业管理者管理这几个信托账户。其中，最重要的就是退休养老金信托与子女教育金信托。

4. 投资工具综合应用

教育年金保险的到期现金流量是确定的，没有弹性，可用来支付学费。由于生活费、住宿费等其他额外费用的目标弹性较大，可利用投资证券或投资基金产品来实现。

学习任务

任务1　子女教育金测算

【任务背景】

学会估算以及分析费用，在教育规划中很重要，因为一切费用都发生在将来。理财规划师通过对以往数据的检索，预测今后教育费用上涨率，计算出一个孩子整个学程中需要的费用。

【任务内容】

小周夫妇的女儿刚满3岁，正准备上幼儿园，夫妇俩预计女儿的基本教育金开支（按目前价格）如下：幼儿园3年，每年1万元；小学6年和初中3年，每年0.5万元；高中3年，每年1万元；大学4年，每年2.5万元。为此，小周夫妇计划用10年时间每年进行等额投资，预计年报酬率为6%，教育费用每年为3%的上涨率。

【任务要求】

1. 为小周夫妇解释教育规划的原则。
2. 按教育规划步骤，为小周夫妇测算教育金需求与供给。
3. 为小周选择子女教育规划工具。

任务 2　自我教育规划

【任务背景】

希望提高自己的学历时，能从经济角度进行选择分析。

【任务内容】

如果毕业后你还要念专接本学历，为你自己测算一下成本收益，做出一个经济上合算的决策。

子情境三　家庭成熟期规划及需求分析

知识目标

1. 了解家庭成熟期的特点和理财需求重点。
2. 掌握退休规划的要点。

专业能力目标

会进行退休规划相关测算分析。

方法能力目标

能结合家庭成熟期的状况进行退休规划。

一、家庭成熟期规划和理财重点

（一）家庭成熟期的特点

家庭成熟期一般又可以分为初步成熟期和衰老期。

1. 初步成熟期

初步成熟期从子女独立生活至夫妻二人双方退休为止，一般夫妻年龄在 50～60 岁者居多。在这一阶段，家庭成员人数随着子女独立而减少，父母也随着年龄的增长相继离世。居住方面主要是自行居住，或同父母一直居住，以便赡养老人。

2. 衰老期

衰老期从夫妻均退休到夫妻双方离世为止。年龄方面一般在 60 岁以上。此阶段家庭成员只有夫妻两人或与父母同住，但随着父母年龄的增长，在这一阶段前期父母相继离世，在后期夫妻进入两人生活或与子女同住。经济方面主要来源于退休前的积累或子女的赡养费用。

（二）家庭成熟期规划目标与理财重点

1. 退休期的规划目标与理财重点

55～64 岁是个人生命周期的高原期，也叫做退休期，理财重点是退休前的准备。

这一阶段子女在经济上完全独立，原家庭的收入达到人生的最高峰。从理财角度分析，家庭成熟期是人生的最黄金时期，在这一阶段，个人工作收入达到巅峰，由于前面两个阶段的投资性资产的积累，生息资产逐步达到最大值，理财收益在整个收入中占据的比例达到最大。由于子女已经独立，家庭支出大幅度减少，储蓄大量增加，家庭负担的减少也使得家庭风险下降，这一阶段的重点由子女教育转为养老储备。

在资产配置方面，由于临近退休，追求高收益已经不是主要目标，追求资产在保值基础上的增值是本阶段理财的主旨，因此，组合中股票和债券要均衡配置。在保障方面，主要是准备退休金，投资于年金产品或退休信托。在信贷方面，则是在退休前还清所有贷款。

因为已经没有工作收入，主要依靠理财收入，此时的投资组合应以固定收益工具为主，但无论如何报酬率还是要高于通货膨胀率。在保险方面，可将已累积退休金的一大部分，购买活得越久领得越多的终身年金，一直可支领至终老，让保险公司承担准备的退休金不足的风险。

2. 退休期的规划目标与理财重点

在事业方面，此时客户已从职场退休，若体力、智慧尚可，还可以做名誉顾问，传承经验以保持成就感。在家庭方面，此时客户子女已成家，相当于家庭衰老期的阶段。在夫妻中一方先身故后，另一方可能和子女同住。在居住方面，考虑是否从大换小，利用变现差额以补充退休养老金。投资活动中，应开始规划退休后的生活如何开展，把退休当做圆梦的开始而非人生的终点。在投资上应在该阶段逐步降低投资组合的风险，增加债券基金或存款的比重。在保险方面，可以将原有的养老险转换为活到老领到老的终身年金，同时应该及时投保长期看护险，以免年老无法自理起居时，无人照顾或成为子女的负担。

退休期由于停止工作，工作收入为零，收入以理财收入、转移性收入或变现资产收入为主。支出前期由于身体状况尚可，又有空闲时间，休闲费用较高，在后期则随着身体状况的下降，医疗费用则会提升。本阶段的支出大于收入，储蓄为负，投资性资产变现维持生计。本阶段理财的重点在于资产的保值，以保证老有所养，另外，由于老年人生病概率增加，对流动性资产的要求也相应提高。在资产配置方面，以债券性产品为主，同时提高货币性资产的配置，最后才是股票类产品的配置。在保障方面，主要保障生病后的看护费用，并做好遗产信托。需要说明的是，以家庭生命周期不同阶段确定的理财重点，是针对一般家庭的，影响家庭理财的因素有很多，如家庭成员的寿命、客户在兄弟姐妹中的排行，以及生养子女的状况等，甚至结婚的年龄都会影响到理财重点的确定。

二、退休规划

（一）退休生活的收支特征

按家庭生命周期理论，退休后人们即进入家庭的衰退期，这一时期最为明显的特征是劳动能力的丧失，没有工作收入，所有支出全部依赖于工作期的资产积累和退休后的理财收入。这些资产积累和理财收入决定了退休后的生活水平。一般可以将退休生活分为 3 个阶段：退休生活初期（1～10 年）为高消费阶段；退休生活中期（10～20 年）为平稳消费阶段；退休生活晚期（最后 10 年）为健康支出阶段。由于退休后不再工作，工作方面的支出减少，如交通费等，退休后不再有工作方面的支出，维持退休生活的基本条件仅包括现金、住房和医疗。

现金是解决退休生活中的衣、食、行等问题，是保障退休后基本生活的第一物质要素，是保障老年生活的最低保障。现金的需求通常有三级核定标准：具有住房和医疗计划条件下的养老现金最低标准；住房和医疗条件缺项条件下的养老现金最低标准；退休人员供养亲属的考虑。作为基本保障，和其他保障不同，需要有持续性现金供款。基于此，养老金一般由政府提供，并具有以下四个特征：具有稳定的资金来源、以年金方式支付、年金随着物价等指数的变化而调整以及以生存为支付条件。

（二）退休后的生活目标

退休后的生活期望值是个人对退休后生活方式和水平以及成本付出的考量，是确定退休后生活成本的直接依据。根据退休后生活不同方面的不同要求，退休后的生活目标大体分为三个类型：享乐型、小康型和保障型，如表 3-19 所示。

表 3-19　　退休后的生活目标类型

类型	生活目标
享乐型	维持较高档的衣食水平；国内外旅游或移居国外；有舒适的住房和私家车；聘请全职家庭服务工人；经常参加较高档的休闲活动；学习或进修；较高的医疗保健支出；频繁的社交活动等
小康型	中等的衣食水平；有较舒适的住房或住较舒适的养老公寓；聘请家庭服务小时工；偶尔在国内旅游；经常从事一般健身休闲活动；具有基本医疗费用储备；有较丰富的文化活动安排等
保障型	衣食以温饱为标准；有住房或与子女同住，或住养老院；基本无任何旅游计划；依赖基本医疗保险；其他生活开支很少等

（三）退休计划理财认知

1. 退休计划理财概念

退休计划即筹集养老金的计划。退休计划理财是一个以筹集养老金为目标的综合性金融服务。专业人员通过分析和评估客户财务状况，明确客户退休生活目标，为客户制订合理的、可操作的退休财务计划。养老金具有债务特征，退休计划需要在对特定人的养老债务精算的基础上，筹集资金、投资运营和支付养老金，做到收支平衡。退休计划理财作为一种特殊的理财服务，具有如下特征：

（1）终身理财。包括合理安排客户一生，特别是职业生涯每个阶段的资产、负债分析，现金流量预算等，帮助客户进行风险管理和筹集养老金。

（2）标准化服务程序。包括建立客户关系、分析客户财务状况、确定客户退休规划目标、提出退休规划方案、管理退休规划方案和监督退休规划方案的执行。

（3）专业人员提供服务。专业人员要受过严格训练，具有良好的业绩与素质，最好取得专业证书。

2. 退休规划法则

退休规划由于具有较大的弹性，在制定退休规划时遵循三大法则可以提高退休规划的效果。

（1）越早越好。及早建立退休规划一方面可以用较长的在职期分摊退休生活成本，且不降低在职生活水平，另一方面可以充分利用复利的“滚雪球”效应达到养老金翻倍的目标。例如，在每月投资 100 元，年利率为 10%的条件下，一个人如果从 20 岁开始进行此项投资，在 60 岁退休时能获得 632 408 元，但如果 30 岁时才开始此项投资只能获得 226 049元，在 40 岁才开始此项投资只能获得 75 937 元。

（2）敢于投资。精心进行退休理财规划，进行多样化投资、渐进式投资，依据年龄调整投资策略，实现稳健策略和激进策略在不同时期和不同情况下的有效运用，争取以最小的投入实现最大的产出。

（3）拥有住房。在拥有足够收入时完成购房计划，既是投资同时也是分摊养老成本。

3. 个人退休规划步骤

退休后养老金的支付具有生存年金的特点，理财规划师依据这一特点，制定退休规划的步骤如下：

步骤 1：发现客户。了解客户养老需求、期望目标和筹资能力。

步骤 2：评估资产。了解客户目前和今后的收入以及储蓄和资产的分布状况，并为其做资产状况评估。

步骤 3：估算赤字。根据客户退休后的生活目标，测算其需求总量和在扣除国家基本养老金和企业年金后的差额。

步骤 4：设计计划。即设计个人退休计划和风险控制措施，展示退休计划的设计思想、结构和养老金支付水平。

（1）发现客户。

理财规划师是带着职业目光进入养老市场的人。人人都需进行养老储蓄和投资，但由于种种原因还是被分为有钱人和穷人、理智的人和不理智的人、政府供养的人和政府不供养的人。理财规划师可以毫不犹豫地帮助有钱人理财，也不要忽略帮助穷人“找钱”的服务，如零存整取。理智的人和不理智的人，理财规划师需要向理智的人展示专业理财效果，也要帮助不理智的人理智起来，如进行老年经济风险分析。政府供养的人和政府不供养的人。理财规划师需要帮助政府供养的人认识未来风险和保障不足，为政府不供养的人建立生存年金计划。总之，需要针对上述三类人设计退休理财产品和提供理财服务。

发现潜在客户需要发挥理财规划师团队的作用，一般进行如下工作：进行养老市场的调研，掌握比较全面和具有代表性的信息和数据；根据人群的风险心理状况、财务状况、职业状况进行分类；在此基础上选择本团队的主攻目标。

发现潜在客户的工作步骤包括根据养老市场需要设计产品，利用产品优势吸引客户，根据客户需要设计退休计划。一般工作流程如下：了解市场需要→设计理财产品→吸引客户登门→满足客户需求→设计退休计划。

（2）与客户沟通。

制定个人退休规划的重要基础就是通过与客户的沟通全面地了解客户，收集客户的基本信息以及客户在财务状况、投资偏好、风险态度和承受能力等方面的信息，据以判断客户的目标与期望，分析客户当前的财务状况，制定出科学合理的个人退休规划。同时，有效的客户沟通还会在理财师与客户之间建立起相互理解和信任的关系，为服务的开展打下良好的基础。与客户沟通的方式包括服务窗口对话、“走出去”专程拜访、发放调查表、举办专题研讨会等。

（3）客户评估。

客户评估即在了解客户目前和今后收入以及储蓄和资产分布状况的基础上为其做资产状况评估。理财规划师需要关注做退休计划和理财规划前的资产评估的特殊性。客户的个人和家庭资产通常是不披露的，即使对理财规划师披露也会有所保留。根据客户需要制作家庭资产负债表是一项一举多得的服务。与退休计划相关的个人或家庭资产负债表主要覆盖长期项目，不用考虑当前的短期收入和债务内容。在了解了个人或家庭资产和负债之后，需要进行客户财务状况诊断。了解客户财务状况需要进行资产负债分析，了解客户收支情况需要进行现金流量分析，掌握客户隐性债务需要对客户参加的社会保险和商业保险的情况进行分析。分析个人或家庭资产和负债状况需要注意以下问题：个人产权和产权转移的时间与方式、资产和负债结构、资产的可变现价值或重置价值、人力资本状况和风险发生概率。

（4）赤字估算。

养老金赤字即养老金需求总额和既定养老金的差额。养老金的测算依赖于需求总额与既定养老金的确定。养老金需求总额依据退休后生活的不同阶段的不同目标从现金、住房以及医疗三个方面综合确定。既定养老金是人们参加退休计划中已经享有的既定权益，如国家基本养老保险计划和企业年金。

养老金总需求的计算步骤：首先，基于目前生活支出，考虑费用增长率和复利终值，预算退休第一年的生活成本。其次，预算退休后预期余命的生活成本，如 20 年的生活费用。最后，根据客户情况调整支出项目再进行预算。在考虑需求时，还需注意以下风险：退休后的实际寿命比预计寿命更长、医疗支出费用增加、物价持续上涨以及其他意外事件。

[例 3－25]　张先生今年 40 岁，目前生活支出在当地城市居民中属于小康型，其家庭年支出包括饮食 18 000 元，衣着 20 000 元，子女教育 24 000 元，医疗费 2 000 元，房贷 24 000 元，旅游 8 000 元，汽车使用费 25 000 元，杂费 8 000 元。张先生退休后的生活目标如下：饮食下降 20%，衣着下降 30%，子女教育和房贷支出为 0，汽车使用费上涨 20%，医疗费上涨 300%，旅游费上涨 150%，杂费下降 20%。假设各项费用年上涨率均为 5%，退休后投资报酬率与费用上涨率相等。计算张先生退休后生活费用总需求。基于张先生目前的年支出，考虑费用变化，其退休后的年支出如表 3－20 所示。

表 3－20　　张先生退休后的年支出分析表

序号	A	B	C	D	E	F	G	H	I	J
1	支出项目	饮食	衣着	子女教育	医疗	房贷	旅游	汽车使用费	杂费	合计
2	目前年支出（元）	18 000.00	20 000.00	24 000.00	2 000.00	24 000.00	8 000.00	25 000.00	8 000.00	129 000.00
3	项目调整系数（%）	－20.00	－30.00	－100.00	300.00	－100.00	150.00	20.00	－2.00	
4	退休后年支出现值（元）	14 400.00	14 000.00	0.00	6 000.00	0.00	12 000.00	30 000.00	7 840.00	84 240.00
5	退休后年支出终值（元）	476 149.74	462 923.36	0.00	198 395.72	0.00	396 791.45	991 978.62	259 237.08	2 785 475.97

其中，退休后年支出现值＝退休前年支出现值×（1＋项目调整系数）

　　退休后年金支出终值＝FV×（5%，20，－退休以后年支出现值）

由于张先生退休后费用上涨率与投资报酬率相同，因此，退休后生活费用总需求＝2 485 675.97×20＝55 709 519.47（元）。

为简化计算，本示例中将投资报酬率与费用上涨率假设为相等，在实际计算过程中，如果费用上涨率与投资回报率不同，将会形成一个增长型年金模型，需依据公式计算实质报酬率，再计算退休后年金支出终值。另外，本示例中将各项费用的年增长率都设定为 5%，实际计算过程中，要依据不同费用的具体情况分别设定。

养老金赤字估算基本步骤：首先基于个人（家庭）资产负债状况估算养老金的储备情况，包括既定养老金和其他形式的养老金；其次测算养老金总需求，用退休生活费用总需求减养老金总供给。估算养老金赤字可能出现盈余、平衡和不足三种结果。

承例 3－25，张先生退休时每月可领取养老金 10 000 元，企业年金补充养老保险5 000 元。计算张先生退休时的养老金赤字。

张先生目前的养老金储备终值=(10 000+5 000)×12=180 000(元)

退休后年养老金赤字=246 226.031 800 00=66 226.03(元)

养老金赤字总量=66 226.03×20=1 324 520.60(元)

(四) 退休计划设计

1. 退休计划设计流程

设计退休计划包括确定目标、筹资规划和待遇支付计划。设计退休计划的两个基石即职业生涯状况和退休生活目标，因为职业生涯状况决定终身收入状况，退休生活目标决定退休费用支出情况。制订退休计划的基本目标是实现个人的养老金积累水平与个人的养老金需求总量的大体平衡，在实际操作中，还可能有比较谨慎或想为继承人留下较多遗产的客户会希望其退休规划能在收支相抵后留有余额。理财规划师在收集了上述信息后，即可根据客户的不同要求和客户收入水平及风险承受能力等约束条件为客户制定恰当的个人理财目标，进而拟订详细的退休规划和理财方案。具体流程如图 3-9 所示。

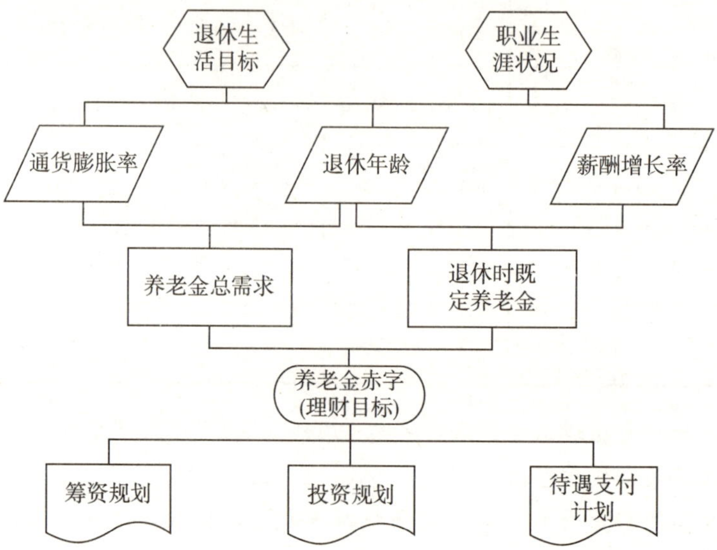

图 3-9 退休计划设计流程

2. 确定退休目标

制定个人退休规划的基本目标是实现个人的养老金积累水平与个人的养老金需求总量。确定目标即根据客户需求、客户的资产状况和心理状况以及相关法律政策等理财环境和理财能力来决定退休计划的运营方式和目标。退休目标的确定由退休后生活的三要素、三类型和三阶段决定。

退休计划运营目标由三个主要部分组成，即待遇支付目标、基金运营目标和计划参与人供款目标。其中，待遇支付是标杆，即核心目标的最终目标，如果待遇支付目标已经确定，设计退休计划的主要工作即基于“以支定收”原则进行筹划，有效的筹资规划是关键环节。退休计划的供款方式很多，最常用的包括收入比例法、固定数额法、一次性或分几次趸缴法。收入比例法，即根据收入的一定比例确定向退休计划的供款额；固定数额法，即通过供款合同规定供款的周期和数额，如每月供款1 000元；趸缴法，即在限定期限内一次或分几次向退休计划大额供款。供款方式的选择取决于退休计划的待遇支付目标、委托人（参与人）的职业状况和供款能力以及理财产品的特性。

3. 退休投资规划

根据投资策略对退休计划的资产进行配置，是退休计划理财的核心环节。退休计划理财的目标即“以较低的费率水平提供较高的养老金水平”这一目标需要通过退休计划资产的有效投资来实现。无论对退休计划资产进行直接投资或间接投资，客户都需要了解和参与投资策略的制定，至少需要分享信息。

（1）退休计划选择投资工具的基本原则。退休计划是老人生活的经济保障措施，具有极大的公益性，因此非常强调客户利益至上，客户利益最大化是贯穿理财规划师工作始终的一个基本原则。在选择投资工具时需要基于审慎原则充分考虑客户可以接受的风险程度，并遵守投资限制的法律规定，统筹考虑并坚持安全性、流动性和收益性原则。

退休计划的投资理论和技巧是进行资产配置以分散风险，分散投资能够降低风险，却不会降低预期收益，对于厌恶风险的投资者而言，分散投资优于集中投资，这是现代投资组合理论的基本思想。但是如果过于分散，会使投资追踪困难，一旦分析不到位就会降低预期收益率。因此，在具体操作时，建议对于资金量较多的客户，有必要采用分散投资资产以规避风险，但对于资金不多的投资者，过于分散资金，可能不会使收益达到最大化。

（2）制订退休计划投资策略的工作步骤。

步骤1：针对客户需求确定投资目标。在实际工作中，如果出现了客户退休金赤字，只有通过提高贷款水平、降低待遇支付水平和提高投资回报率三种途径解决。提高贷款水平和降低待遇支付往往是客户所不愿意接受的，提高贷款水平可能客户的能力达不到，降低待遇支付也是理财规划师所不愿意提出的方案。只有提高投资回报率才是两者都可接受的方式，因此，投资回报率往往是由前两者确定后才最终确定的。

步骤2：运用现代投资组合理论进行组合设计。一个均衡的资产组合应该力图在低风险低回报和高风险高回报的组合之间建立一种平衡。一般而言，资产配置都将投资收益与资本增长进行有效组合。投资收益可以作为工资以外的补充收入，以防范通货膨胀的风险。对于预期的投资收益和资本增长也要做一个预测和分析。理财规划师可以对客户进行风险心理测试，为客户设计不同风险和不同收益的可选账户，以便客户选择，或者在与客户协商或信息披露的基础上代理客户进行投资选择。

步骤3：综合分析和形成方案。综合分析即对客户的全部资料进行分析，统筹考虑收入、支出、储蓄和投资等问题，全面规划退休理财方案。

4. 退休待遇支付

待遇支付即向退休计划受益人支付养老金的具体安排。待遇支付是退休计划的第三个阶段，也是实现客户目标和理财规划目标的检验阶段。支付养老金的计划安排涉及以下三个具体问题：承诺支付和非承诺支付、支付方式、税收政策。

（1）承诺支付和非承诺支付。

承诺支付即退休计划预先规定待遇支付方式和水平。待遇确定计划属于承诺支付计划，生存年金是最典型的承诺支付计划。支付养老金的承诺可以是：完全承诺，从支付方式到金额的承诺，并不可改变；保底承诺，只保证最低养老金支付；可变承诺，可以进行调整，但是必须按照规定条件进行调整。

完全承诺支付的退休计划需要考虑死亡风险，为了预防死亡风险，在养老金的支付方式上可以采取如下措施：

1）靠利息收入支付养老金。但只能在积累数额大，投资回报率高的情况下执行。

2）购买保险年金产品。在使用年金系数的条件下设计养老金的支付方案。年金系数是通过预期寿命、当前年龄、投资回报等因素计算出来的系数。

3）建立共同基金以分担风险。

（2）支付方式。

退休计划的支付方式包括以下几种：

1）一次性支付，即在受益人达到退休年龄时一次性结算全部积累。另外，在受益人出国定居或死亡时也可以一次性结算。在法律和政策或者有合同约定的条件下，可能会发生提前一次性结算的情况。

2）阶段支付，即在一定期限内分几次结算。例如，在购房、生病等重大事件发生时支取部分现金以备不时之需。

3）年金支付，即按照一定节奏的定期支付，包括周、月、季度等。间隔时间不宜太久，否则即失去年金的作用。

4）混合支付，即具有弹性的支付安排。例如，安排部分资金购买保险公司的年金产品，部分资金留在账户中，部分资金一次性结算。

如今，在IT技术的支持下，退休计划可以采取分立账户的方式管理，为了适应客户的各类需求，可以组合出多种支付方式，甚至可以对多种支付方式实行“一站式”服务。

（3）税收政策。

待遇支付环节有三类税收政策需要关注：

1）为了提高退休计划的养老保障功能，国家依法采取高税率手段限制一次性结算的方式；反之，以优惠税政策鼓励人们在退休时将个人养老金账户资产转换为年金。

2）区分退休计划账户资产哪些来自税后供款，是否可以减免纳税额。

3）个人退休计划积累与社会保障和企业福利一同考虑养老金纳税问题。

总之，在设计退休计划的待遇支付问题时，应当充分考虑税收政策，最大限度地为客户合法避税，以保证受益人利益最大化。

5. 退休计划评价指标

退休计划由资金筹集、管理资金和待遇支付三个方面组成。与此对应，退休计划的成功与否，可以通过三个方面进行评价，即缴费率、投资回报率和养老金替代率。

（1）缴费率。缴费率即供款水平占当期薪酬的比率。该比率是对当期收入和退休收入进行分配的指标。

（2）投资回报率。投资回报率是退休计划资产投资收益与本金的比率，客户通常考虑净回报率（扣除管理成本）和一段期限内的平均回报率。

（3）养老金替代率。养老金替代率是养老金与员工在职当期薪酬收入的比率。该比率取决于缴费率和投资回报率。

上述三项评价指标中投资回报率是退休计划理财绩效的关键指标，如果投资回报率高，可用较低的缴费率获得较高的养老金替代率。

学习任务

项目 1　了解养老金的来源

【任务背景】

了解退休养老金计划的构成与内容，是成功进行退休规划的第一步。李丽大学毕业后就职于政府机关，现有一家大型跨国企业邀请她加入，企业人事经理强调，该企业为雇员提供了诱人的企业年金，李丽很犹豫，现在的单位工作很清闲，她一方面想换个有挑战性的工作，另一方面又担心到了企业，退休以后的生活质量会下降。现在的单位工资不高，但是福利相当好，她不知道所谓的企业年金对于自己以后的生活能够起到什么样的作用。因此，她向理财规划师进行相关咨询。

【任务内容】

1. 企业年金的作用和意义是什么？

2. 请计算一名普通企业职工（男）22 岁参加工作，60 岁退休，在有和没有企业年金的基础上退休金的差别是什么？

【任务要求】

1. 完成方式：小组完成。

2. 完成时间：课内 70 分钟。

项目 2　进行退休时间测算

【任务背景】

表 3－21 是客户刘先生的相关信息和基本假设。

表 3－21　　客户刘先生的相关信息

退休计划	当前年龄	30 岁	当前年收入额（元）	50 000	基本假设
支出项目当前年支出额（元）		调整原因	预估增减额（元）	退休后年支出（元）	通货膨胀率（%）
日常生活费用	30 000	子女独立	－10 000		2
上班通勤费用	1 000	不用上班	－1 000		投资报酬率（%）

续前表

退休计划	当前年龄	30 岁	当前年收入额（元）	50 000	基本假设
支出项目当前年支出额（元）		调整原因	预估增减额（元）	退休后年支出（元）	通货膨胀率（%）
房贷本息支出	5 000	房贷已缴清	－5 000		5
保费支出	1 000	保费限期缴费	－1 000		已准备退休金（元）
旅游休闲支出	1 500	更多休闲时间	1 500		50 000
医疗保健支出	1 500	老年人病佣金	1 500		退休金年储蓄（元）
合计					
拟留遗产	0	预计寿命	85		
退休年龄	尚可工作年数	退休金资产（元）	退休后余命	退休金负债（元）	退休金净值（元）
31					
32					
……					

【任务内容】

依据已有内容，补充完整表格，并说明该客户什么时候可以退休。

【任务要求】

1. 完成方式：小组完成。
2. 完成时间：课内 70 分钟。

参考文献

1. 中国就业培训与指导中心组．理财规划师基础知识．北京：中国财政经济出版社，2015.

2. 中国就业培训与指导中心组．理财规划师专业能力．北京：中国财政经济出版社，2015.

3. 廖旗平．个人理财．北京：高等教育出版社，2010.

4. 北京当代金融培训有限公司，北京金融培训中心联合组织编写．金融理财原理. 北京：中信出版社，2010.

5. 中国银行业从业人员资格认证办公室．个人理财．北京：中国金融出版社，2013.

图书在版编目（CIP）数据

理财规划实务/孙怡主编. —北京：中国人民大学出版社，2017.7
21 世纪高职高专规划教材. 金融保险系列
ISBN 978-7-300-24532-4

Ⅰ.①理… Ⅱ.①孙… Ⅲ.①投资-高等职业教育-教材 Ⅳ.①F830.59

中国版本图书馆 CIP 数据核字（2017）第 123507 号

21 世纪高职高专规划教材·金融保险系列
理财规划实务
主　编　孙　怡
副主编　黄小玉　刘　琛
Licai Guihua Shiwu

出版发行	中国人民大学出版社		
社　　址	北京中关村大街 31 号	**邮政编码**	100080
电　　话	010－62511242（总编室）		010－62511770（质管部）
	010－82501766（邮购部）		010－62514148（门市部）
	010－62515195（发行公司）		010－62515275（盗版举报）
网　　址	http://www.crup.com.cn		
	http://www.ttrnet.com（人大教研网）		
经　　销	新华书店		
印　　刷	北京中印联印务有限公司		
规　　格	185 mm×260 mm　16 开本	**版　　次**	2017 年 7 月第 1 版
印　　张	11.25	**印　　次**	2017 年 7 月第 1 次印刷
字　　数	255 000	**定　　价**	29.00 元
